Dieses Buch, das anlässlich der Ausstellung Jonas Weichsel im Projektraum des Museums Wiesbaden erscheint, versammelt Studien und Experimente des Künstlers, die vor oder während der Arbeit an den Gemälden entstehen. Diesen werden allgemeine Aussagen des Künstlers über seine Arbeit gegenübergestellt. In einem zweiten Teil des Buches wird die Ausstellung dokumentiert, ergänzt mit einem Text von Jörg Daur.

This volume, published in conjunction with Jonas Weichsel's exhibition in the Project Room of Museum Wiesbaden, is a collection of the artist's studies and experiments produced before and during his work on the paintings for this exhibition. These will be juxtaposed to general statements of the artist about his work. A second part of this volume documents the exhibition and includes a text by its curator Jörg Daur.

Ich mache Bilder, die ich selber malen will.

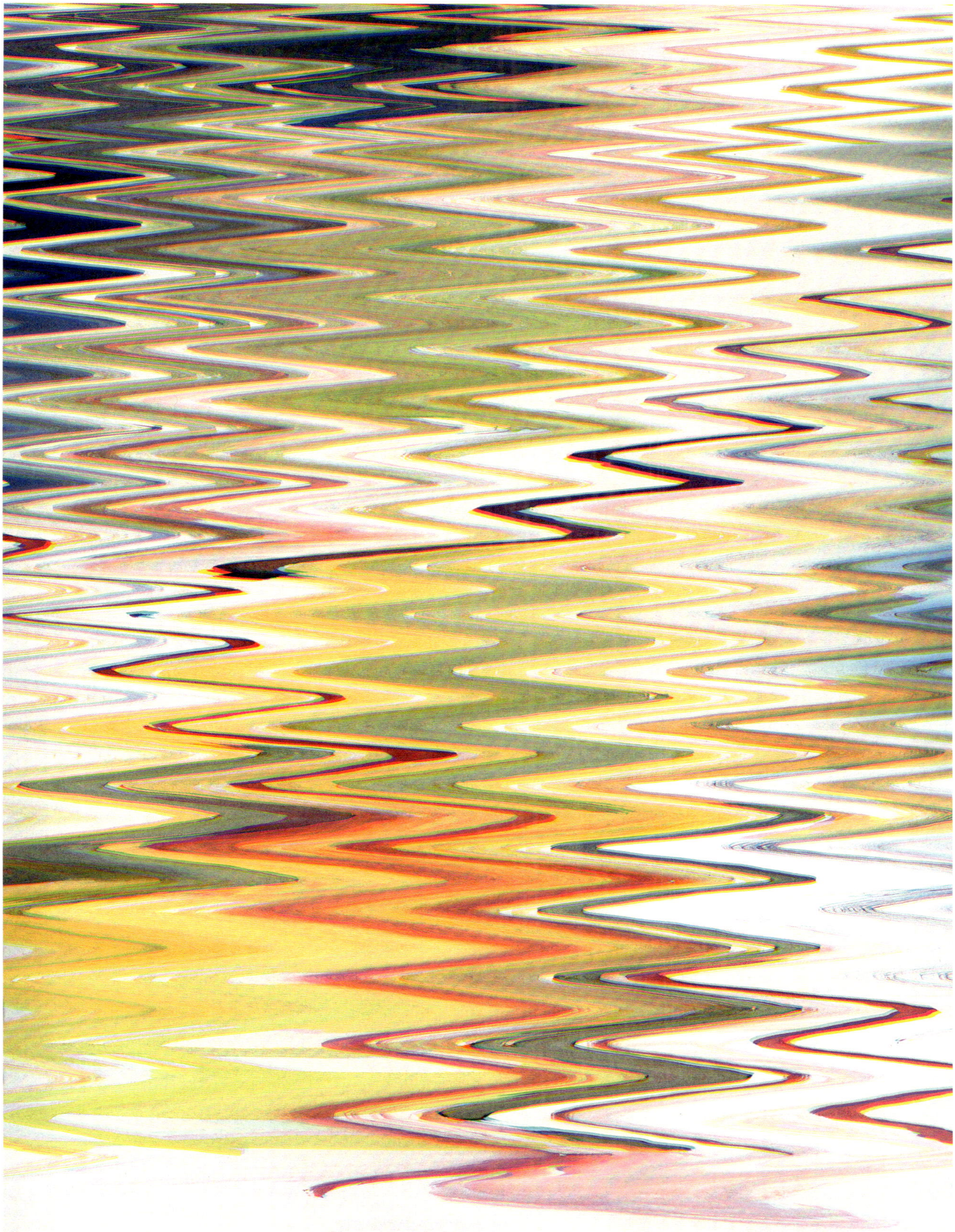

I make pictures that I want to paint.

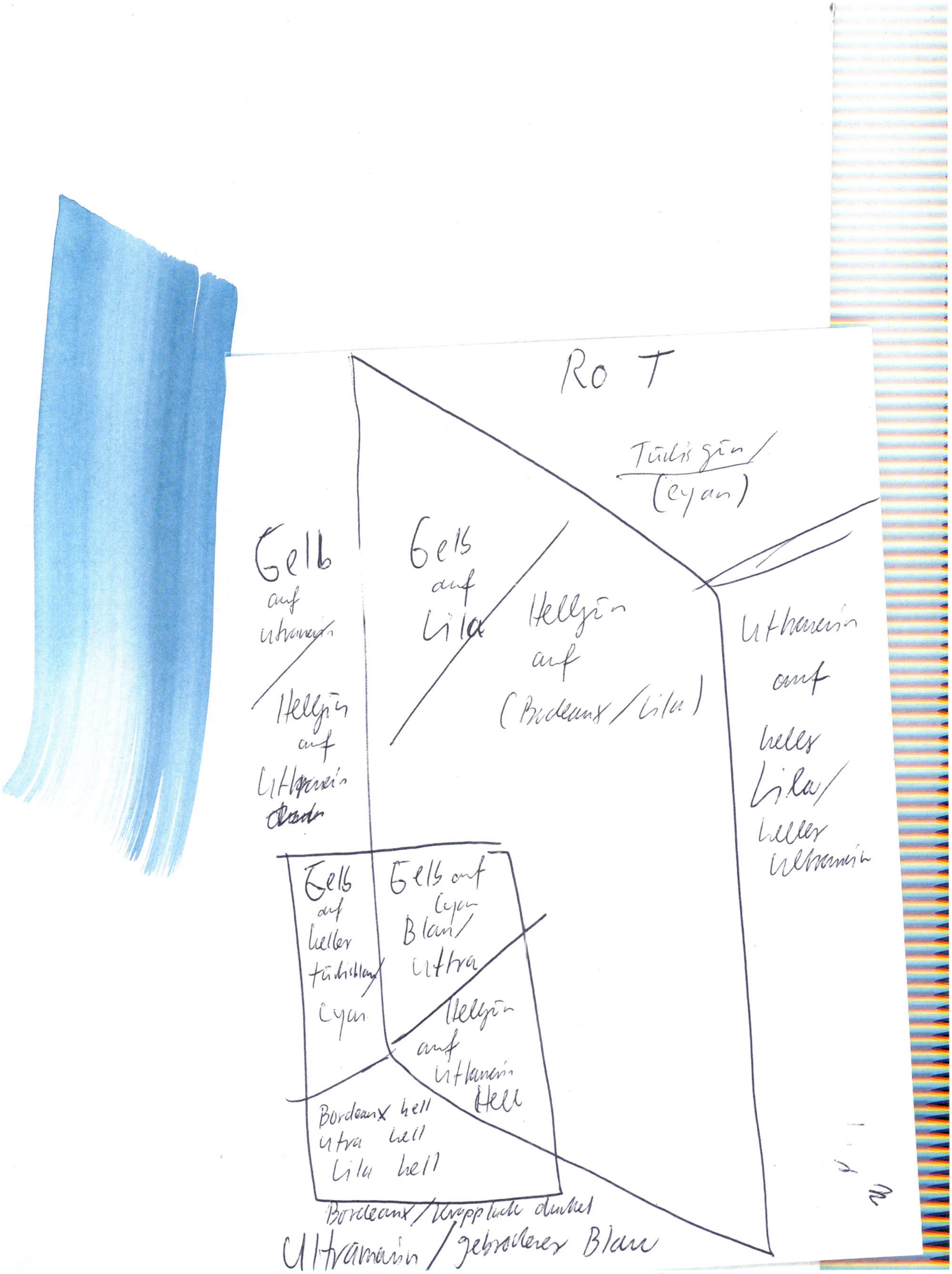
RoT
Türkisgrün/ (Cyan)
Gelb auf Ultramarin
Hellgrün auf Ultramarin
Gelb auf Lila
Hellgrün auf (Bordeaux/Lila)
Ultramarin auf helles Lila/ helles Ultramarin
Gelb auf helles türkisblau/ Cyan
Gelb auf Cyan Blau/ Ultra
Hellgrün auf Ultramarin Hell
Bordeaux hell Ultra hell Lila hell
Bordeaux/Krapplack dunkel
Ultramarin/gebrochenes Blau

Ich mache Bilder, die aufeinander aufbauen.

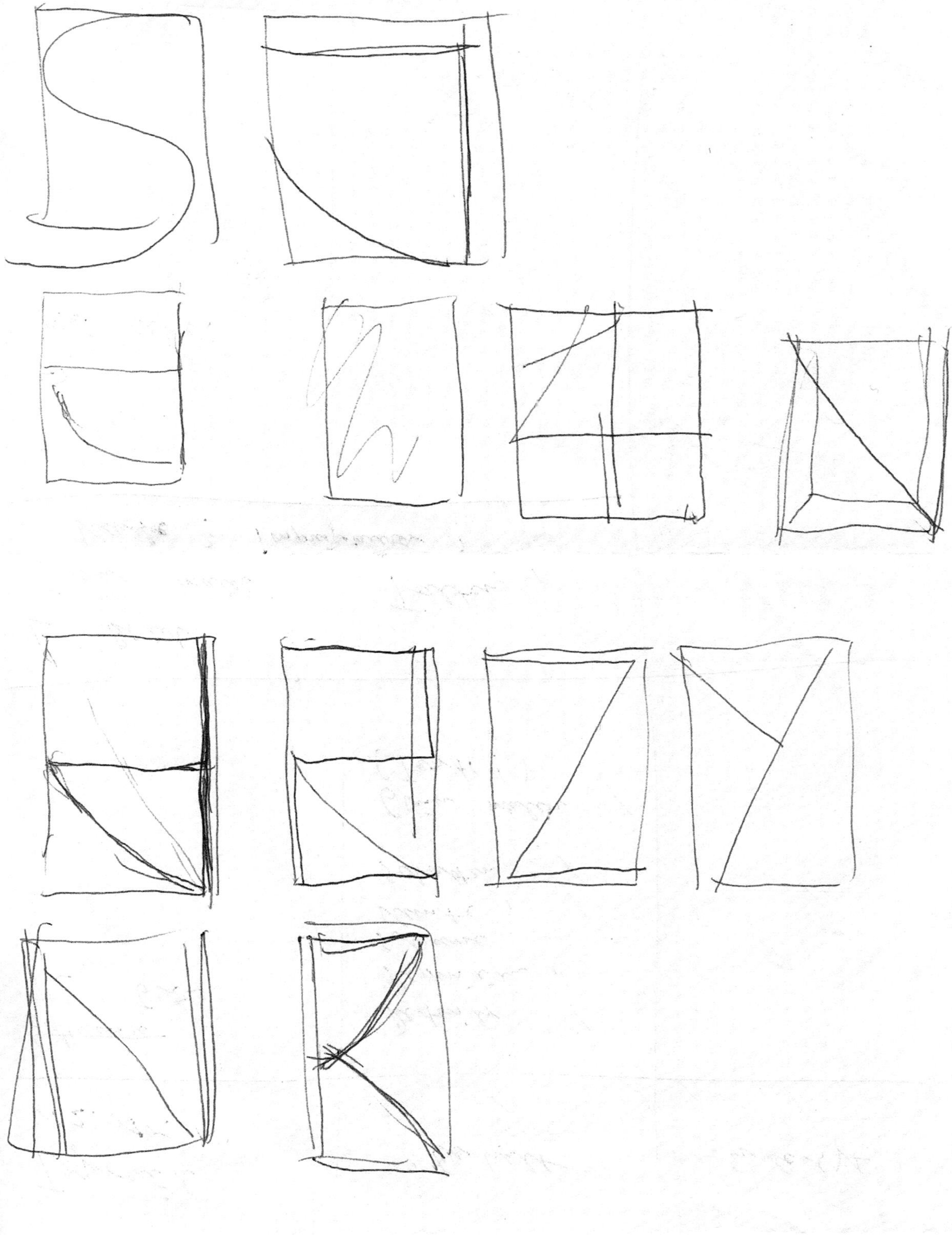

I make pictures that build on one another.

Ich mache Bilder, deren Prozesse im kontinuierlichem Wandel stehen.

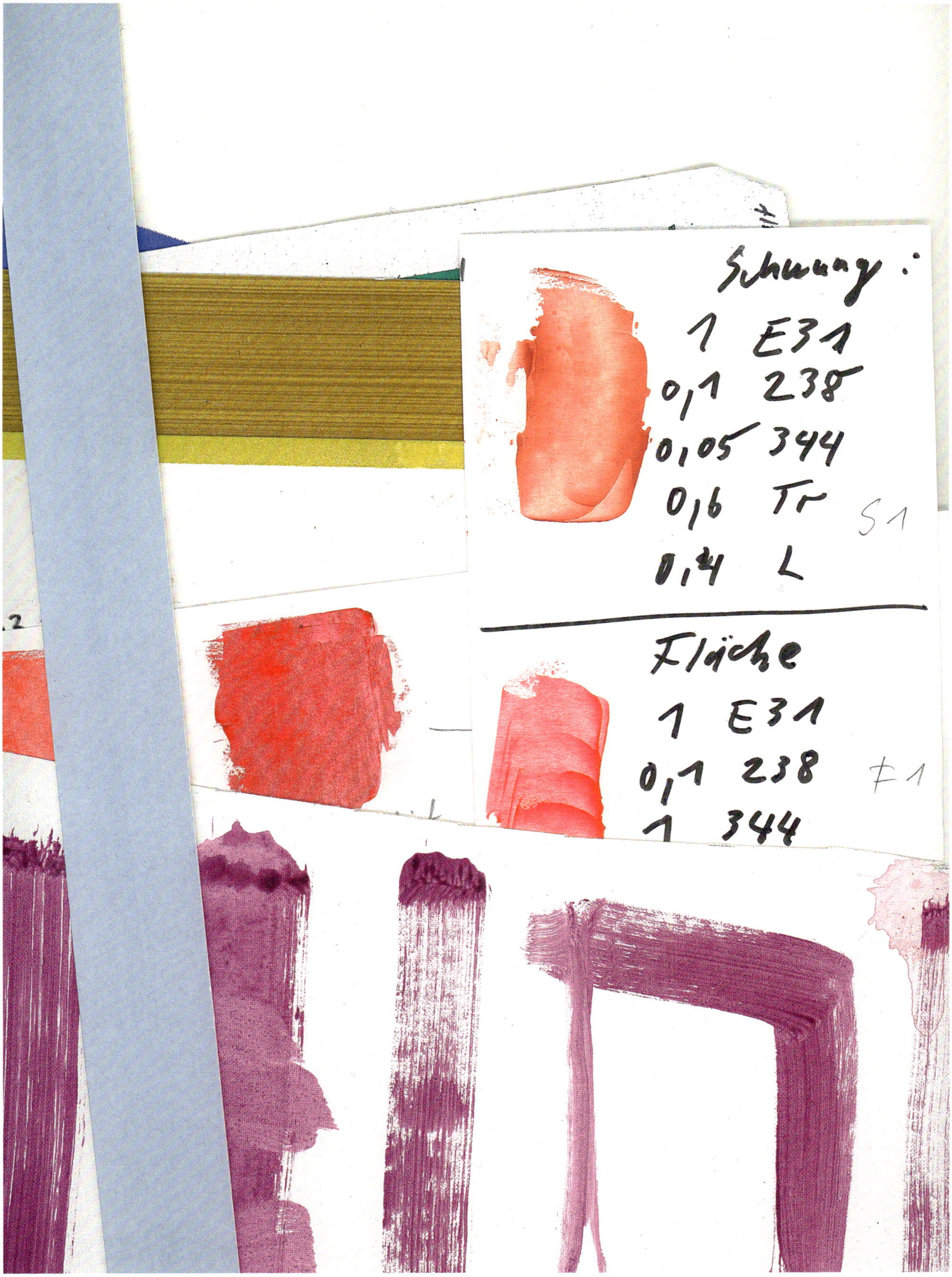
Schwung:
1 E31
0,1 238
0,05 344
0,6 Tr
0,4 L
S1
Fläche
1 E31
0,1 238
1 344
F1

I make pictures that have continuously changing processes.

1.06

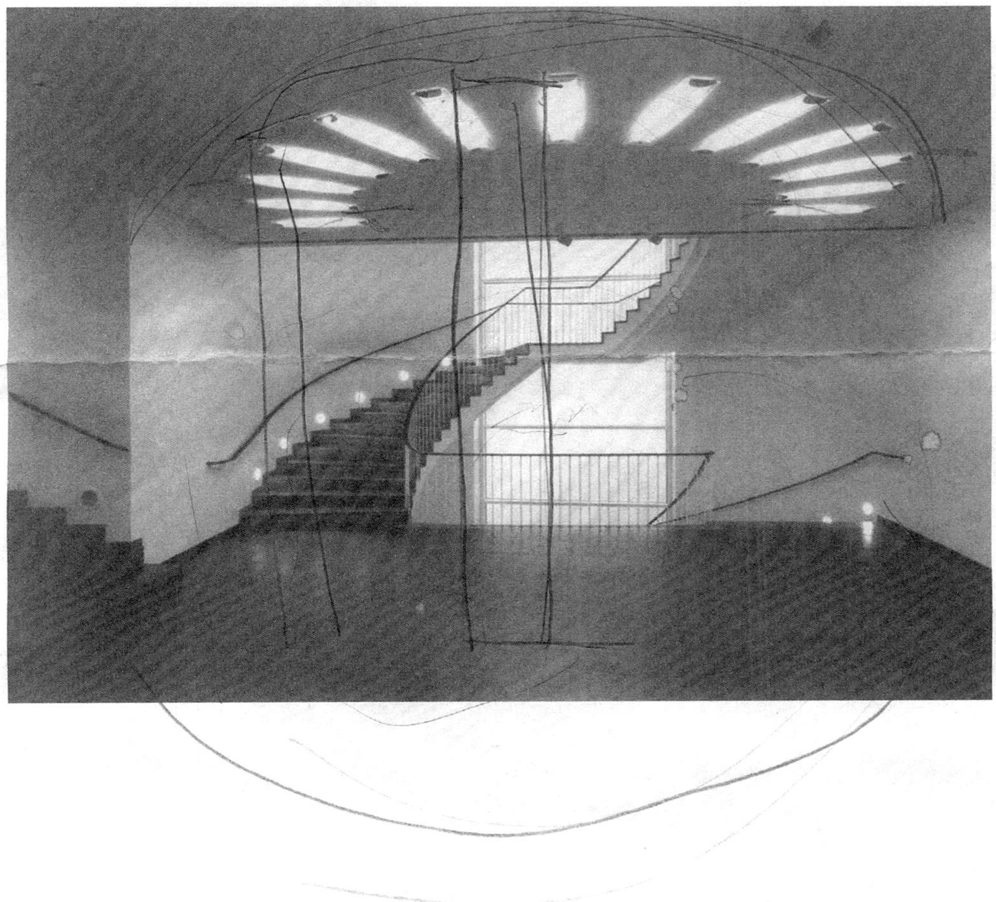

Ich mache Bilder, denen in Verdichtung von Material, Volumen, Format, Oberfläche und Detail ein Objektfetisch innewohnt.

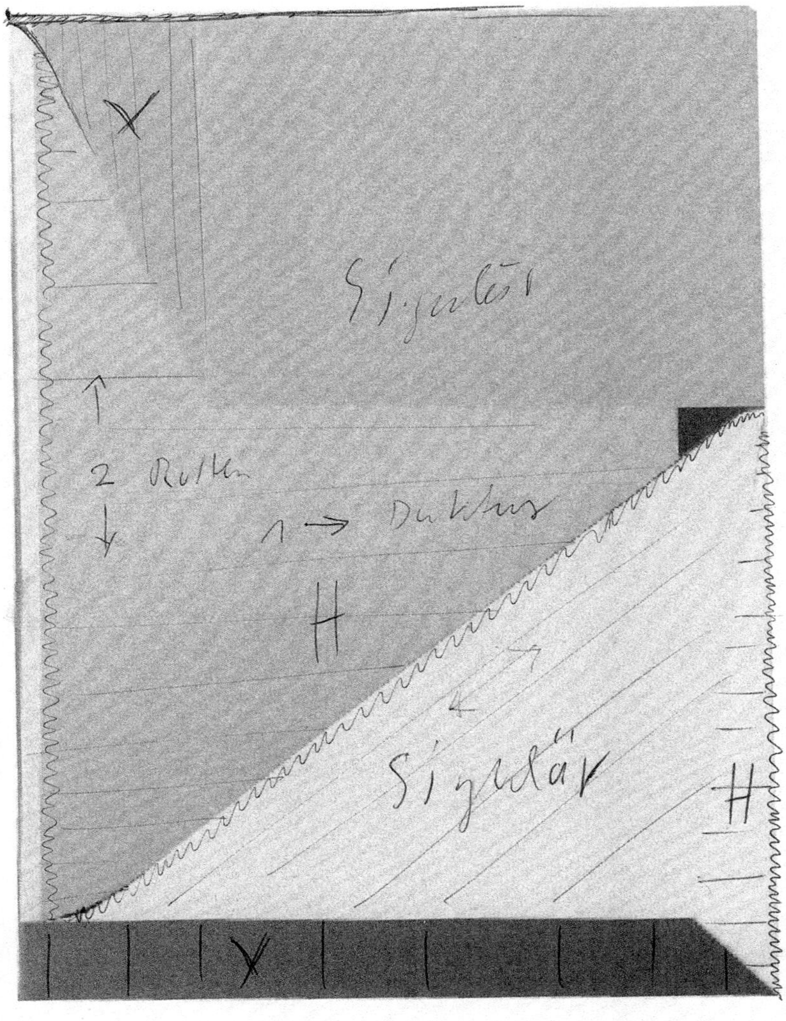
2 Rollen
1 → Duktus
H
H

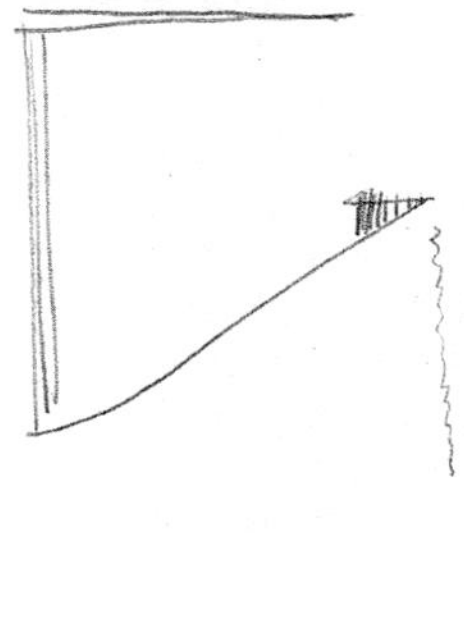

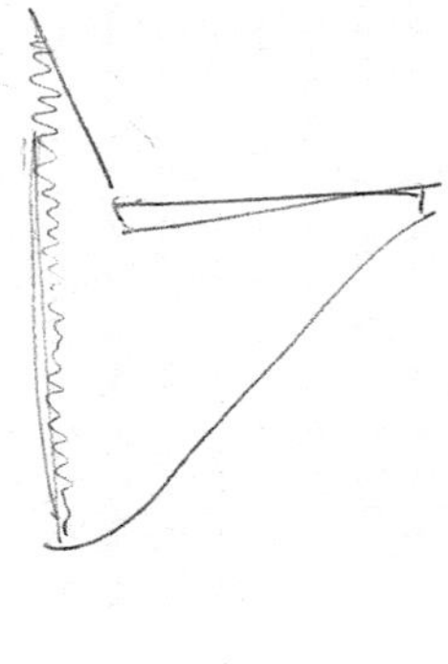

I make pictures that contain an object fetish within their combination of material, volume, format, surface, and detail.

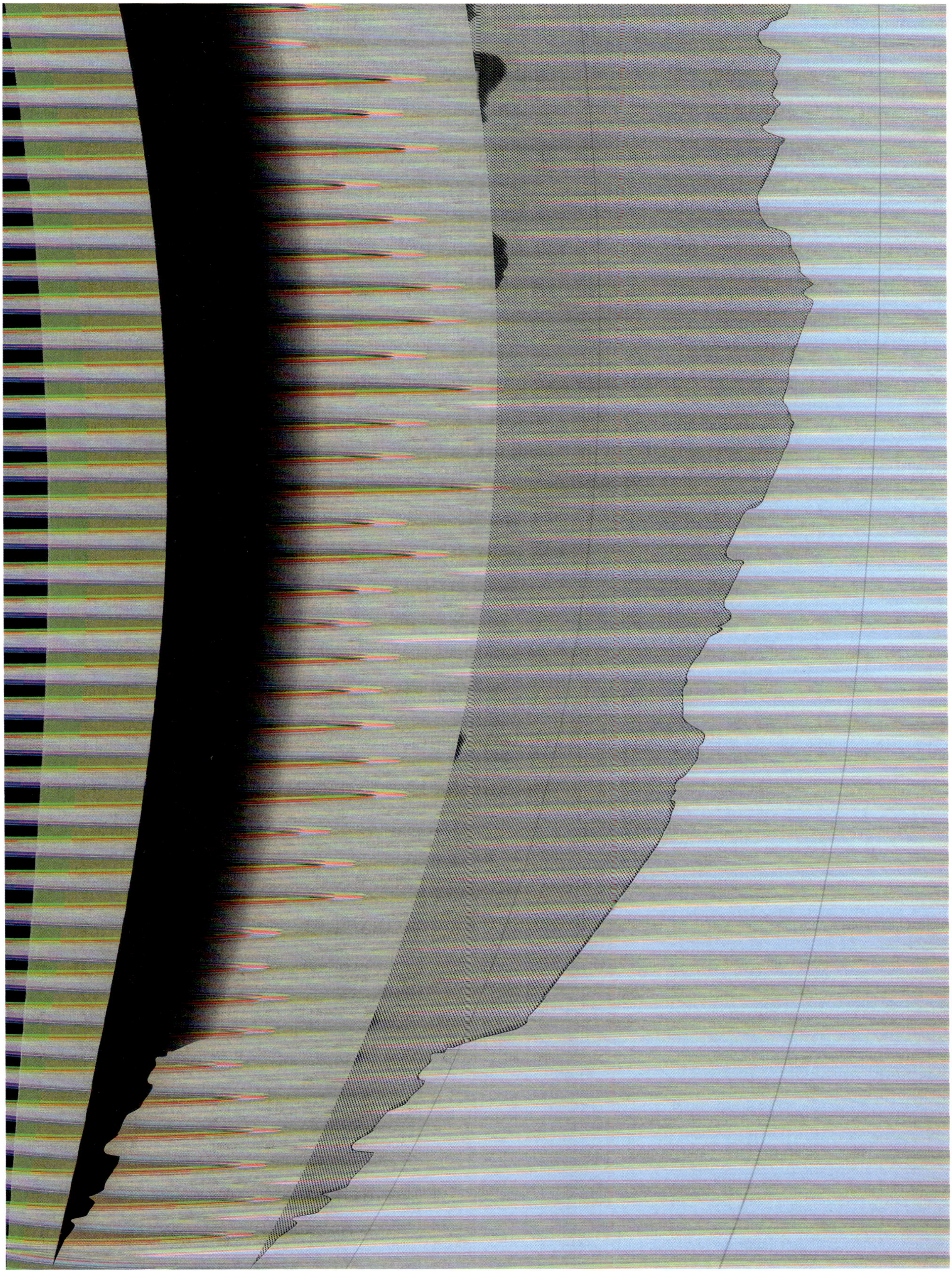

Ich mache Bilder, die Malerei demontieren.

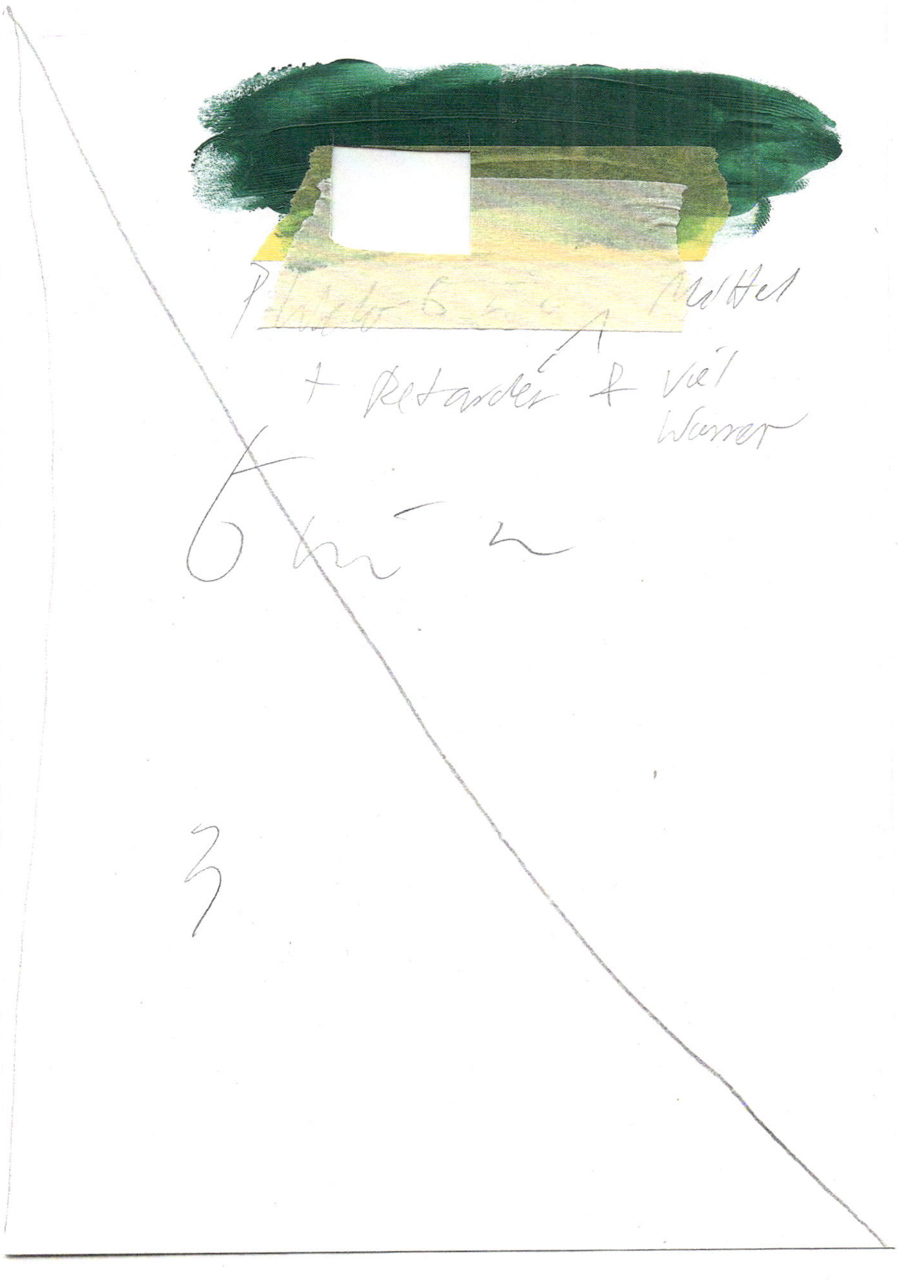
+ Retarder & viel Wasser

I make pictures that dismantle painting.

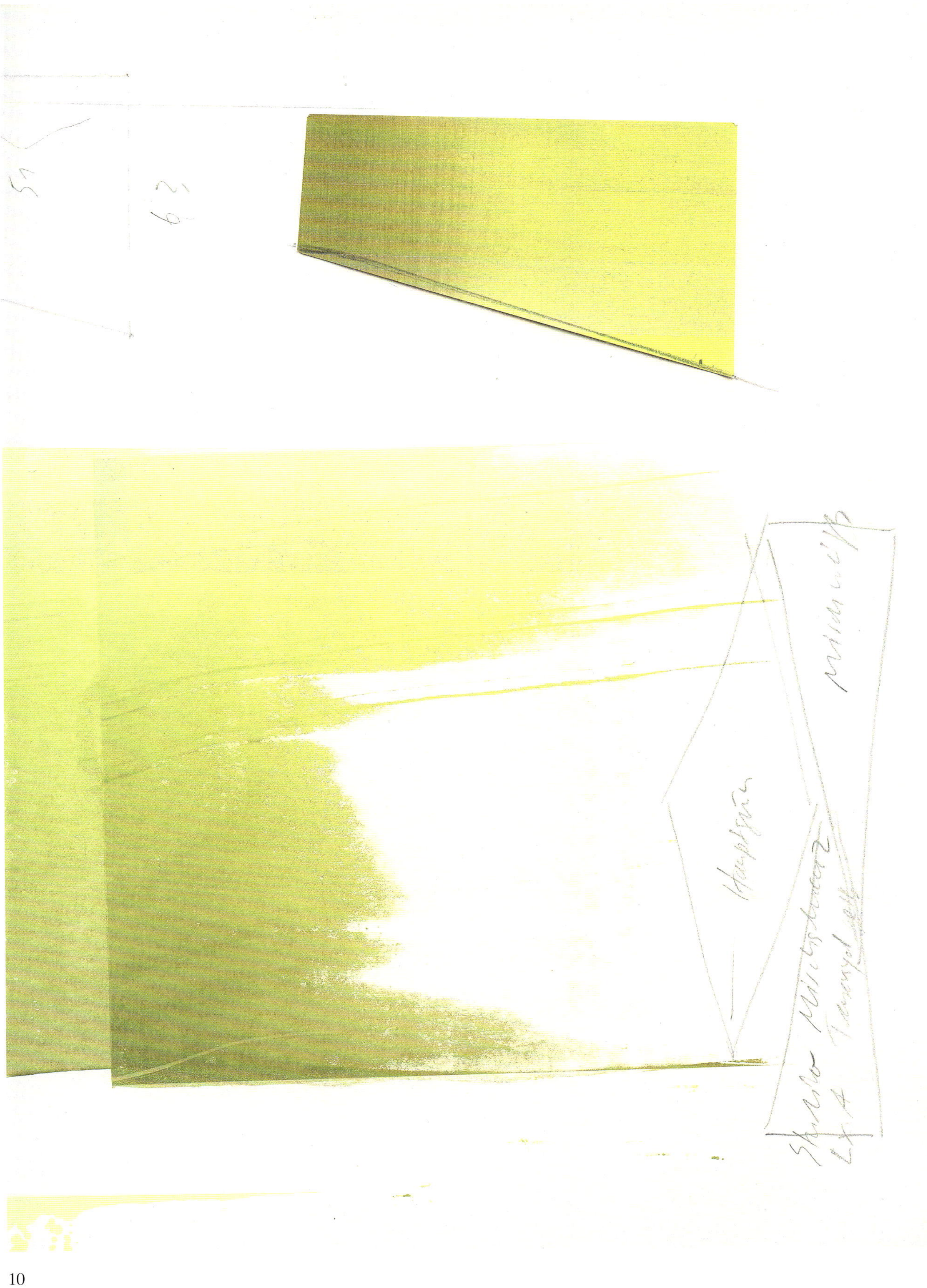

Ich mache Bilder, die in Malerei vertrauen.

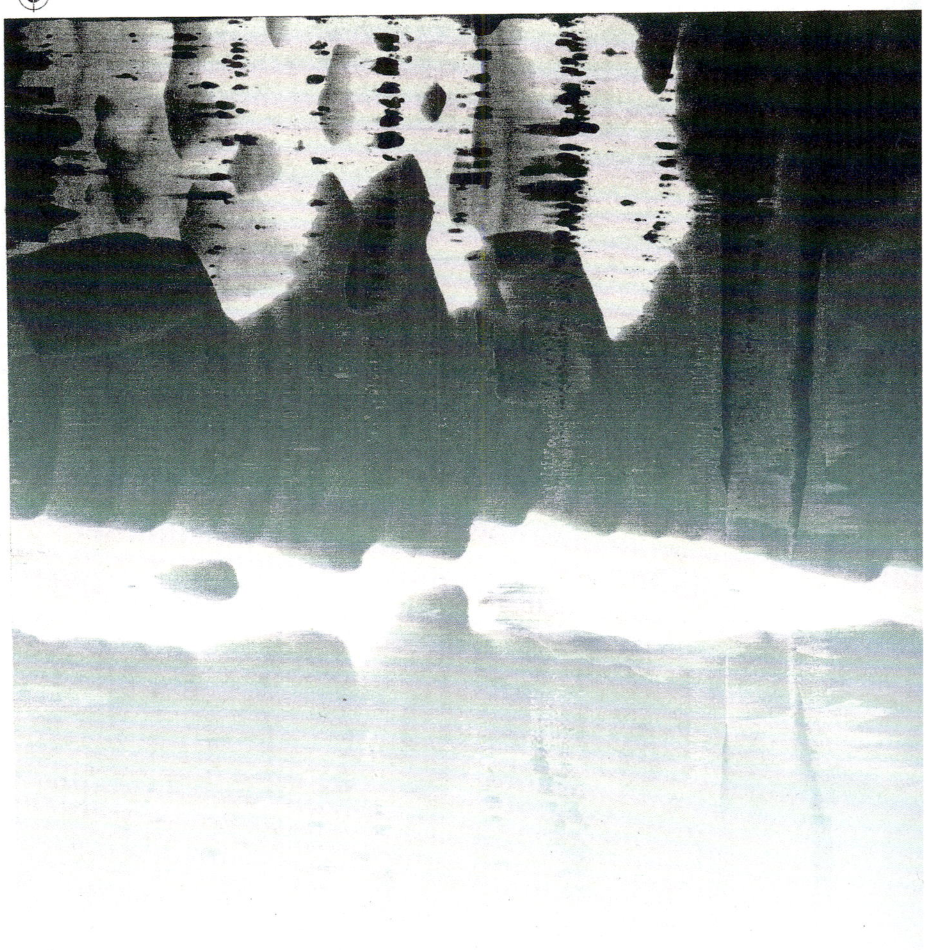

I make pictures that have confidence in painting.

Ich mache Bilder, die zeitbezogen sind, sich dem Zeitlichen jedoch nicht anbiedern.

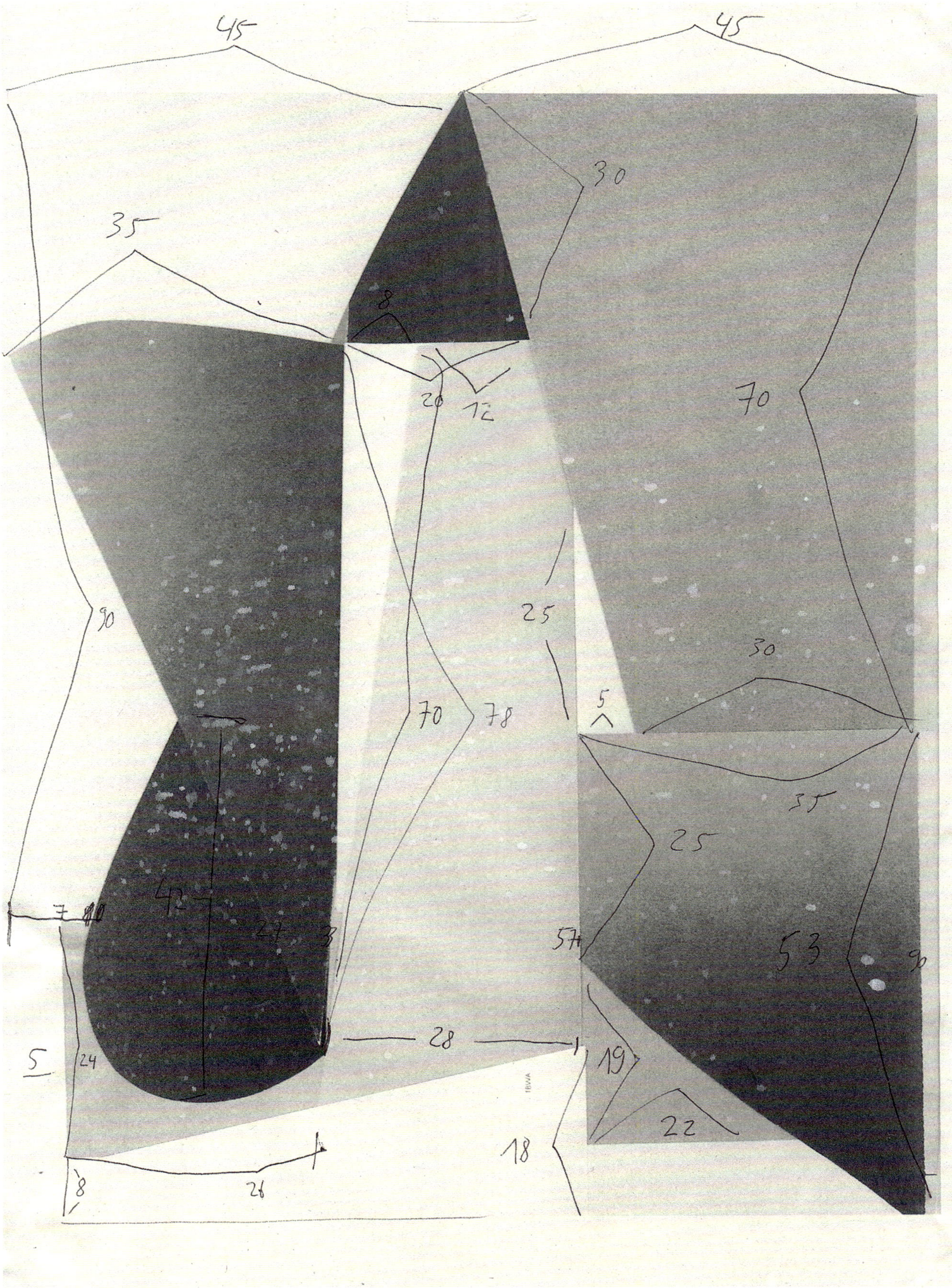
45
45
30
35
8
20
12
70
90
25
30
70
78
5
35
25
42
53
90
28
5
24
19
22
18
8
26

I make pictures that reference time but don't ingratiate the temporal.

Ich mache Bilder, die mich beim Malen in Aufregung versetzen.

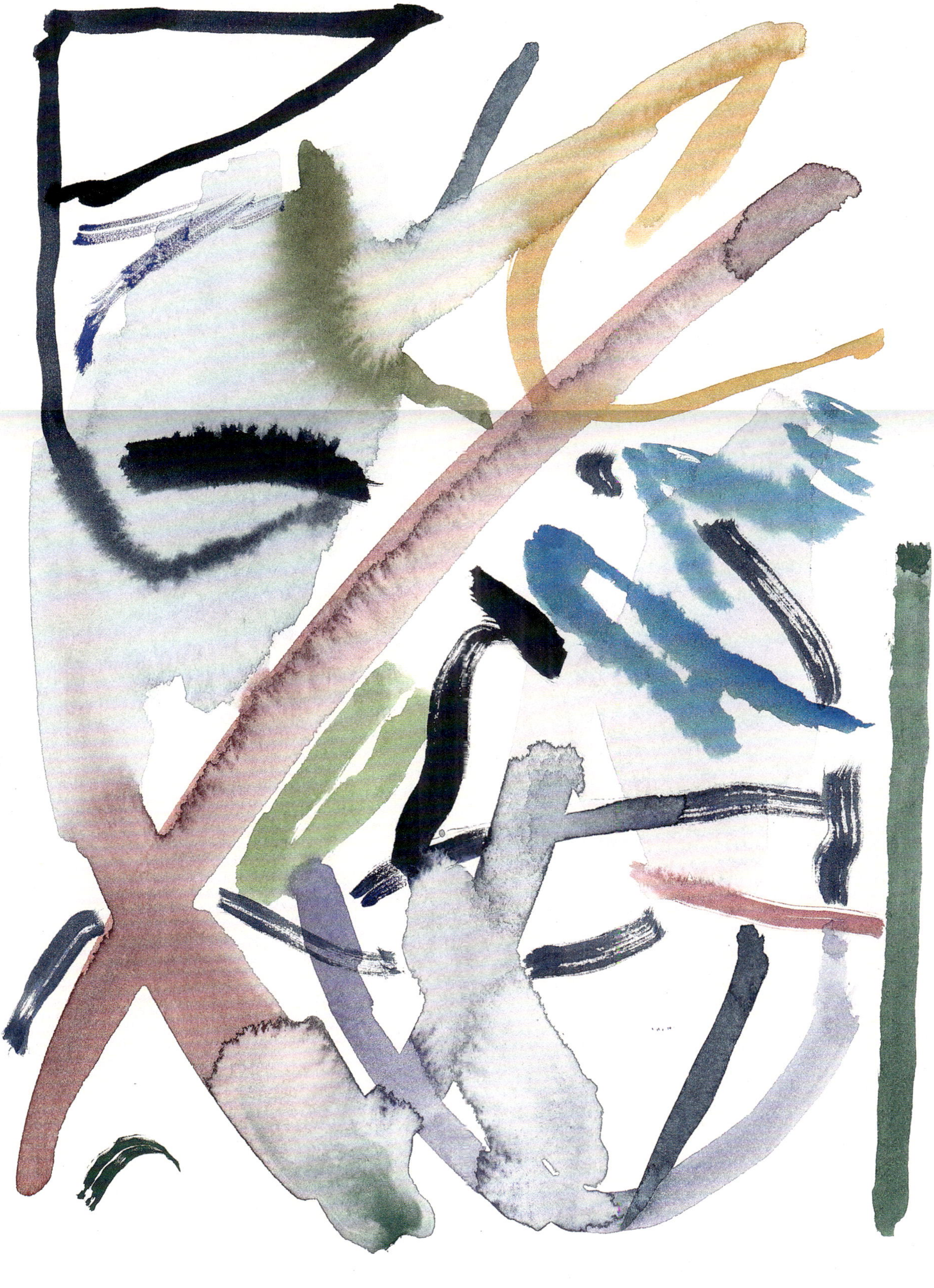

I make pictures that get me excited during the act of painting.

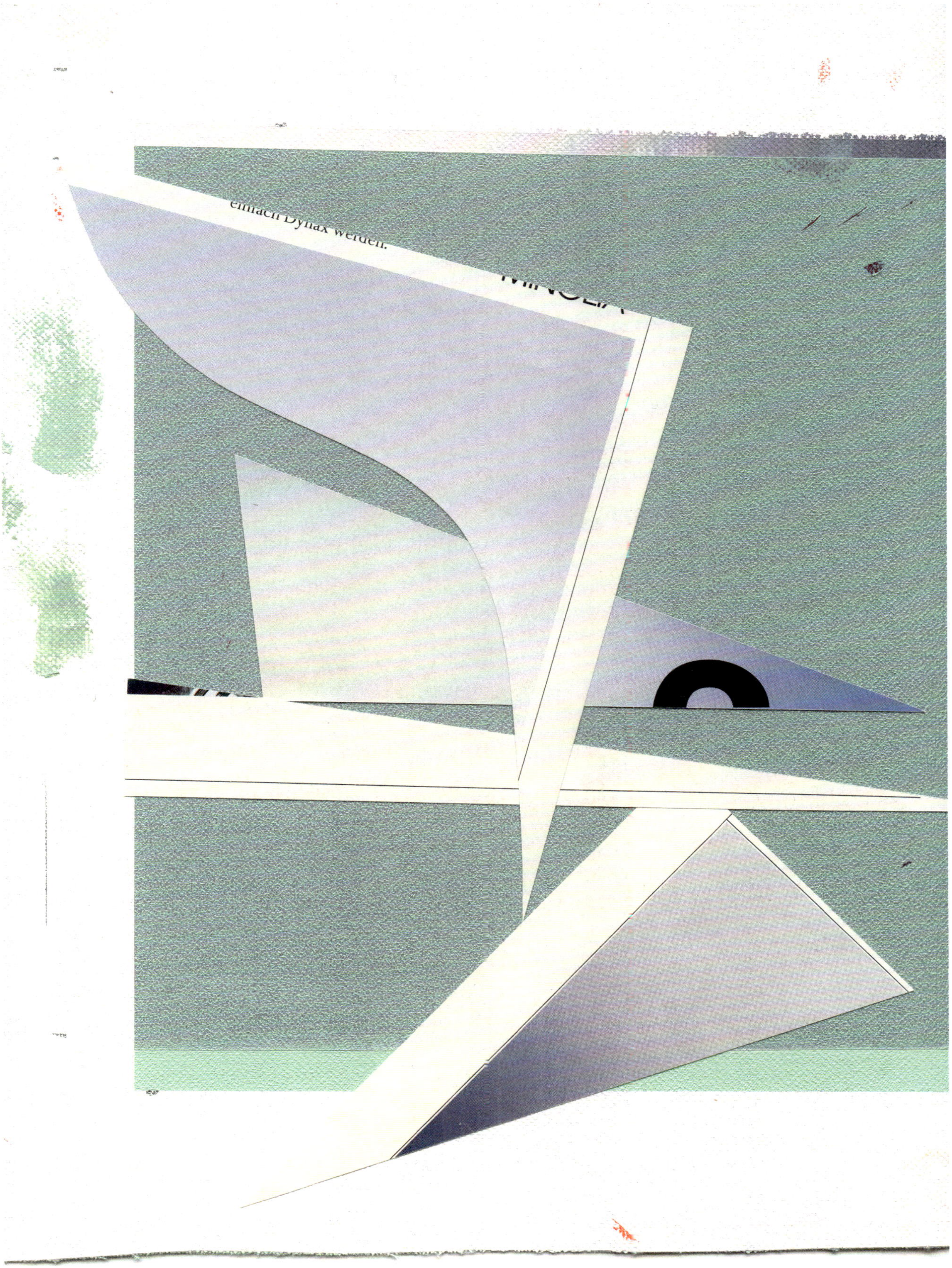

Ich mache Bilder, die das Tableau sehr spezieller Fragestellungen sind.

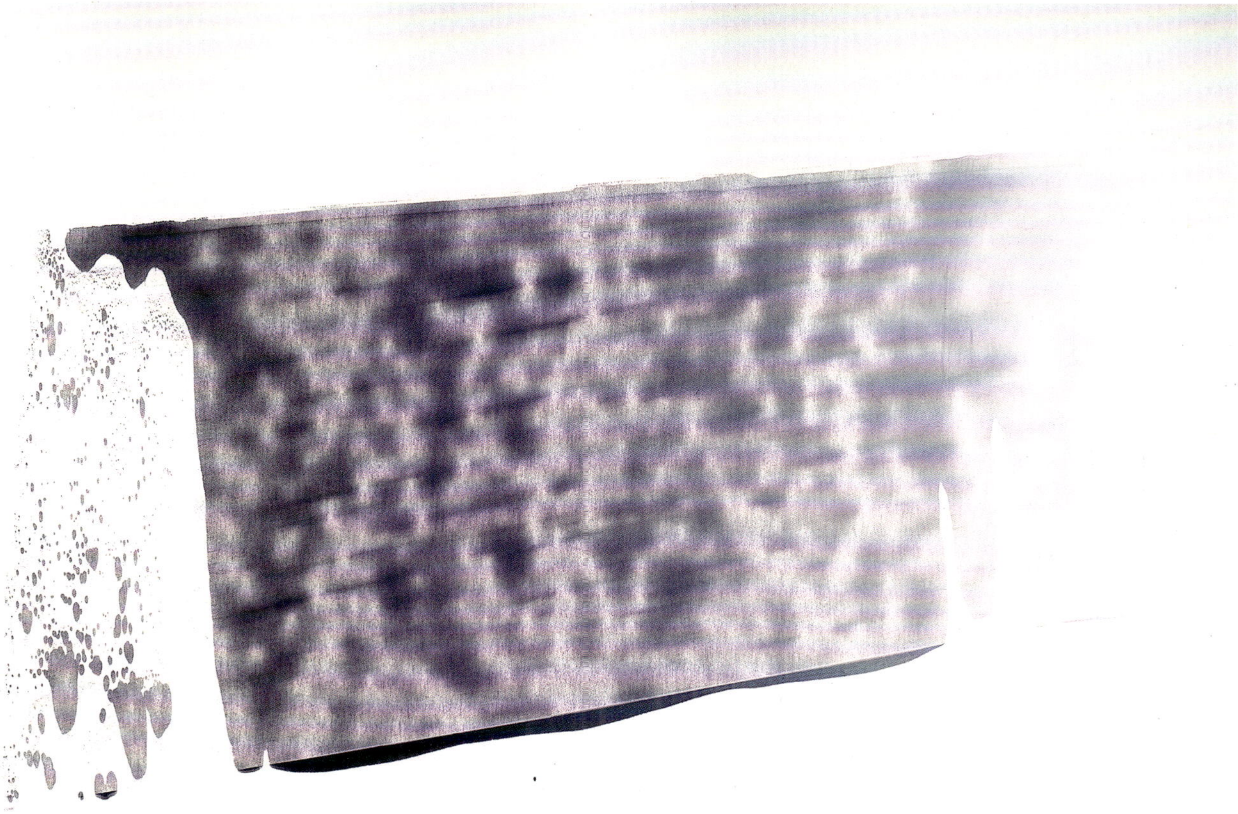

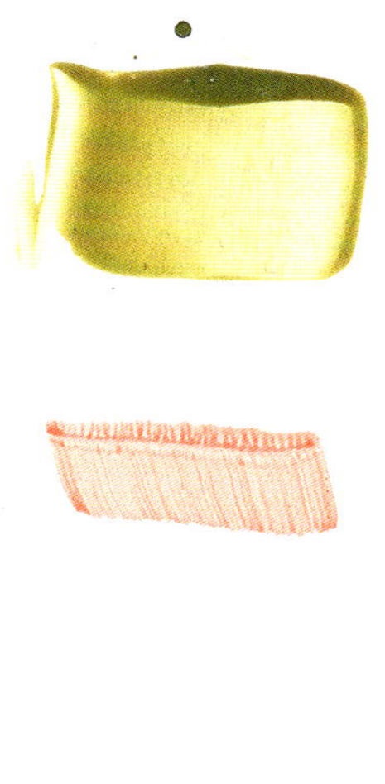

I make pictures that are a tableau of very specific questions.

	a	b	c	d	e
Untermalung Oben Fläche	5xLxa 183 7xSWM 1xWasser	5x Lxa 183 7x SWM 1x Wasser	SiriusGelbex 5xSWM 5x Sirius Rot 2x S.Schwarz ~~3x Wasser~~	1x Lxa175 5x Lxa183 7x SWM 1x Wasser	1x Lxa 133 4x Lxa 166 5x SWM
Übermalung Oben Fläche 60	4x B187 1x Mu 346 2,5 Transp. 4xRapid	10x Mu 238 3x C295	Mu 644 50% LW 50%	5x N514 Transparentp	C 133 50% Transpa 50%
Übermalung Oben Streifen Links	Mu 344	E 119	Mu 239 E 119 Zinkw.	3xMu534 1xN514 3xTranspare 1xLasurme	5x B10 5x Mu 239 10x Transpa
Übermalung Oben Streifen Rechts Länge 3418	Wie	1x Sirius R 1x Sirius G 1x Sirius C 1x Sirius M 2x Sirius U	41% Sirius M 17% Sirius G 25% Sirius C 17% Sirius U	50% Sirius Sw 50% Sirius W	1x Sirius R 1x Sirius C 4x Lxa 183
Untermalung Linie Rechts Oben 40	dunkel (3)	mittel (2)	hell (1)	mittel (2)	hell (1)
~~Trennlinie Mitte~~					
Untermalung Unten Fläche	5xLxa 183 7xSWM 1xWasser	original Sirius wie SC	5x Lxa 183 7x SWM 1x Wasser	8x Lxa 133 ~~1x Lxa 142~~ 8x SWM 15x Wasser	50%Lxa 183 50%SWM
Übermalung Unten Fläche 150	1xB 130 1xMu 238 9xLW ~~1xZinkweiß~~ 6 Rapid	C 41 Med. 1 50% Med. N 50%	10x E31 2x C 202	5x E 31 5x Balsam	5x Mu 790 1x Lasurpaste
Übermalung Unten Streifen Links	B 10 Zinkweiß Mu 224	Mu 486 C 41 minimal Zinkw. 50% Lasurw. 50%	Mu 363 Hauptfläche	5x E31 3x Transpa 3x Lasurm	1. Teil 50% 3xZinkw 0,5 Mu 784 Messerspitze Mu 785 2x 790 2. Teil 50% Lasurpaste
Untermalung Unten Streifen Rechts 130	hell (1)	hell (1)	dunkel (3)	mittel (2)	mittel (2)

1x aufgetragen (dunkle Stelle) von Carban/4 – (W)

Genau wie Verlauf (1) Hell. übermalen aber ohne weiß

Vertauscht

Siehe Test X so. A

1x Aufgetragen (dunkle Stelle) von (B1)/3 – W

Ich mache Bilder, deren Farbregie Zwischenräume schafft, die nicht den faktischen Gegebenheiten von Material (Farbe) und Verteilung (Komposition) entsprechen.

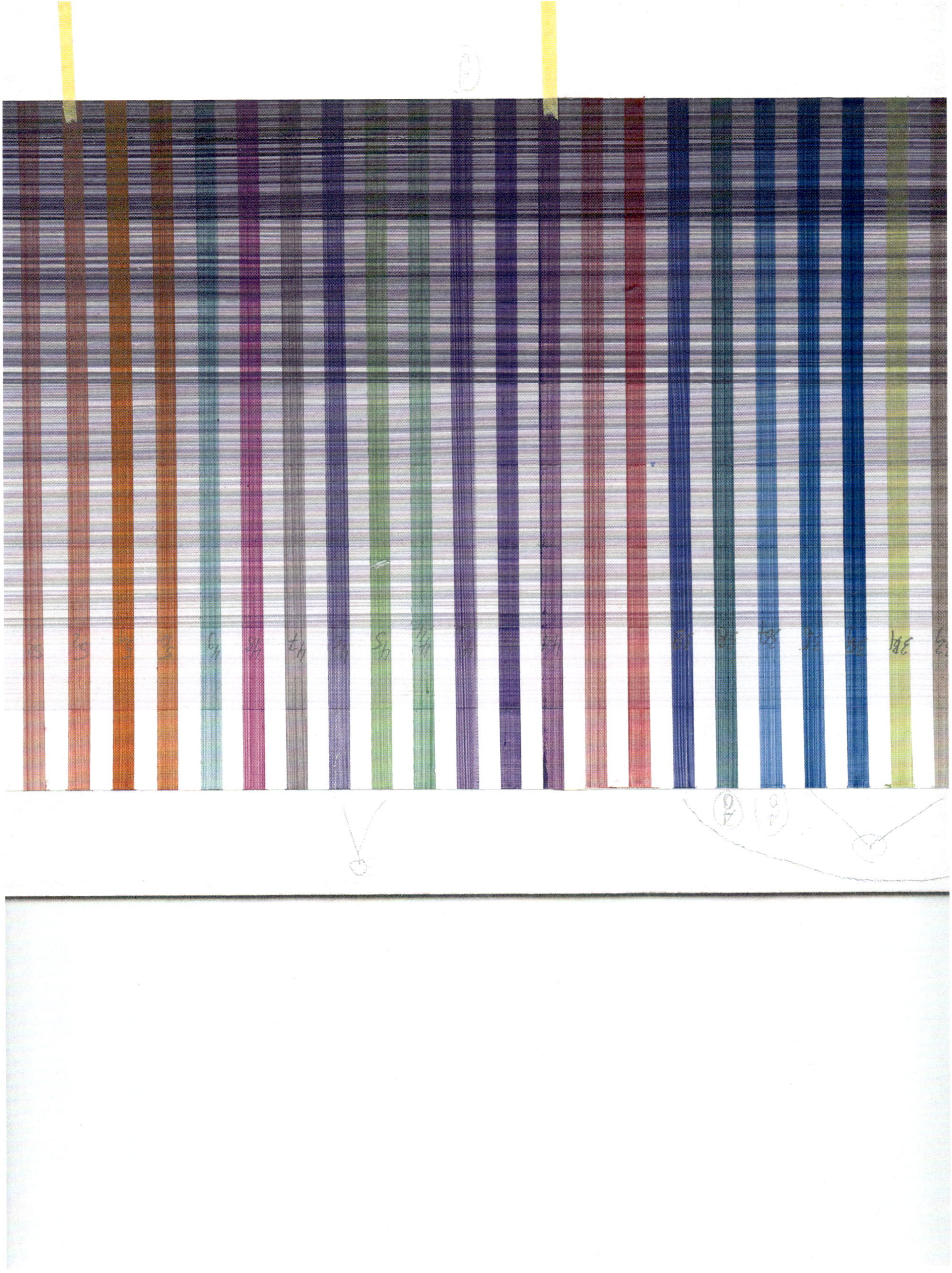

I make pictures that use color to create spaces at odds with the facts of material (color) and its distribution (composition).

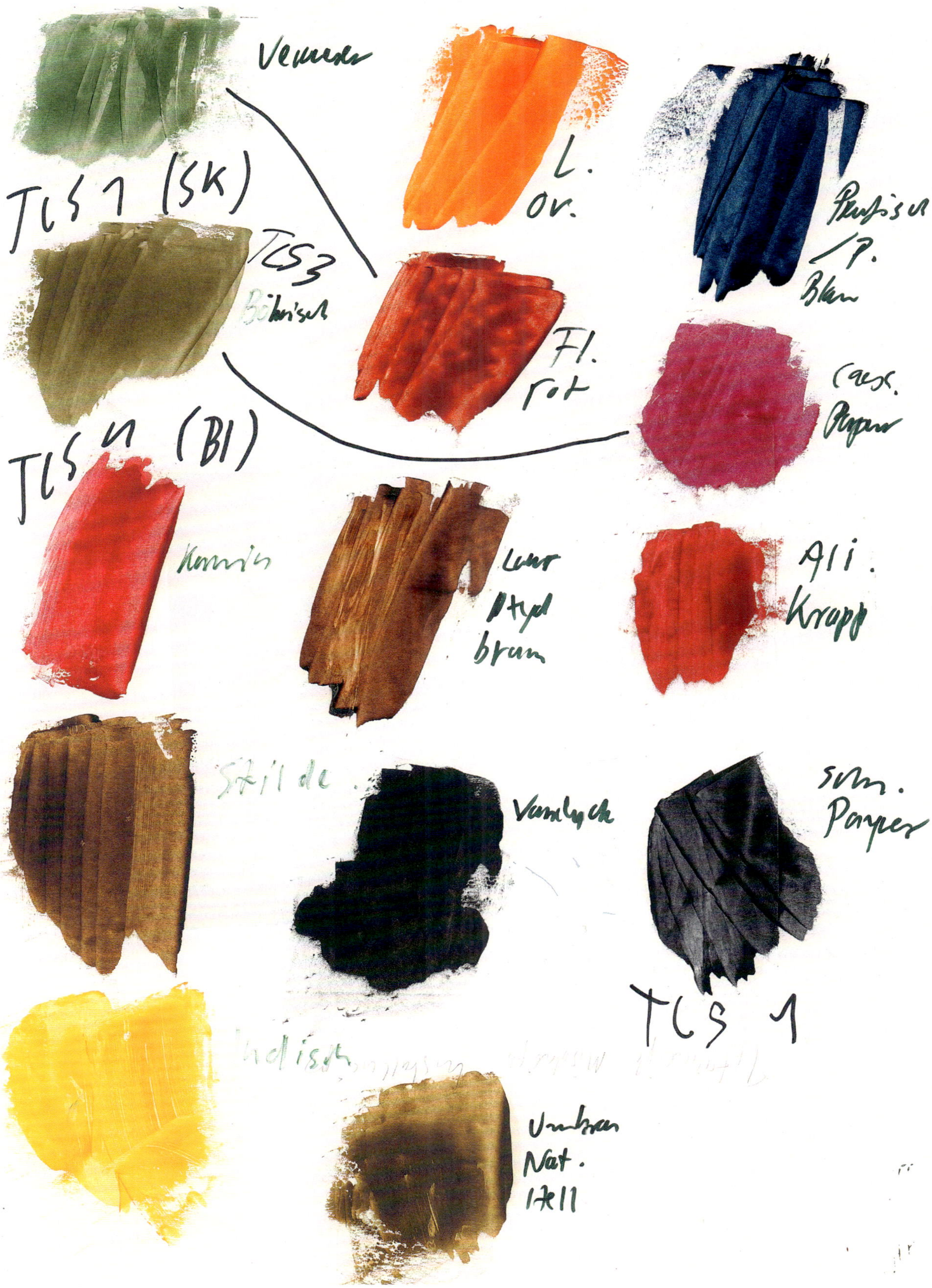
L.
Or.
TCS 1 (SK)
TCS 3
Fl.
rot
TCS 4 (Bl)
Ali.
Krapp
TCS 1
Nat.
Hell

Ich mache Bilder, die als autonome Dinge gesehen werden können.

I make pictures that can be regarded as autonomous things.

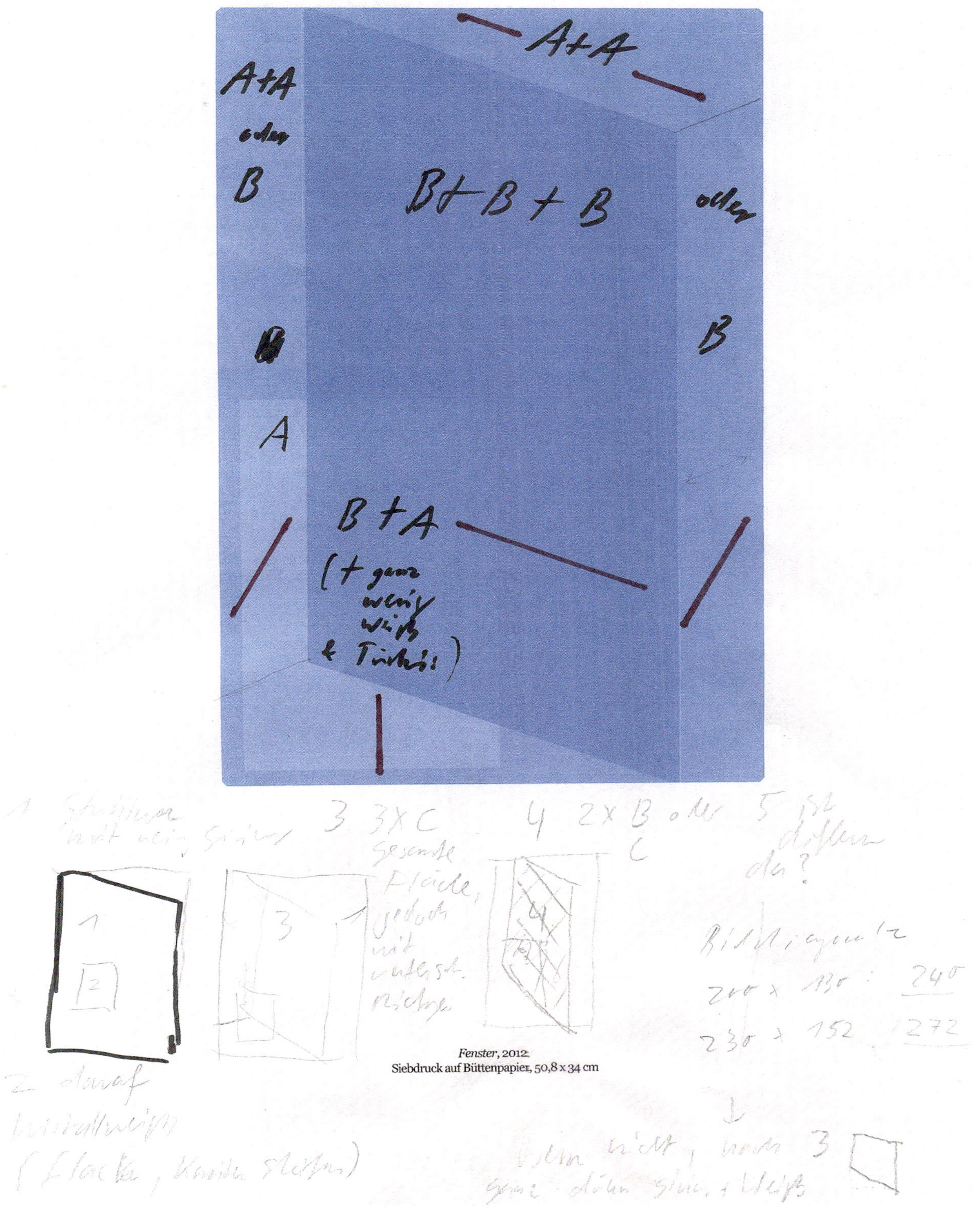

Fenster, 2012.
Siebdruck auf Büttenpapier, 50,8 x 34 cm

Ich mache Bilder, die sich zueinander dialogisch verhalten.

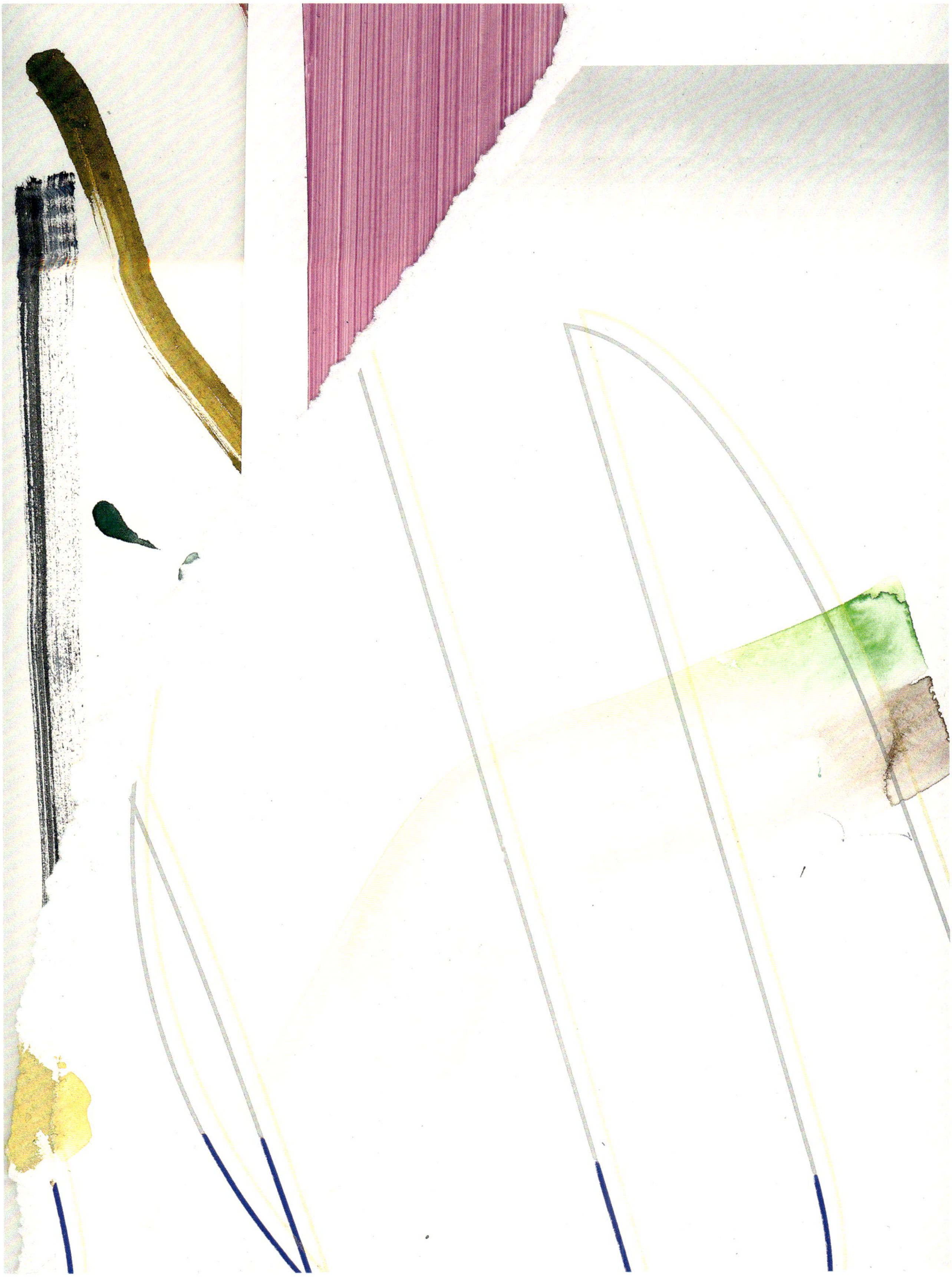

I make pictures that relate to one another in dialogue.

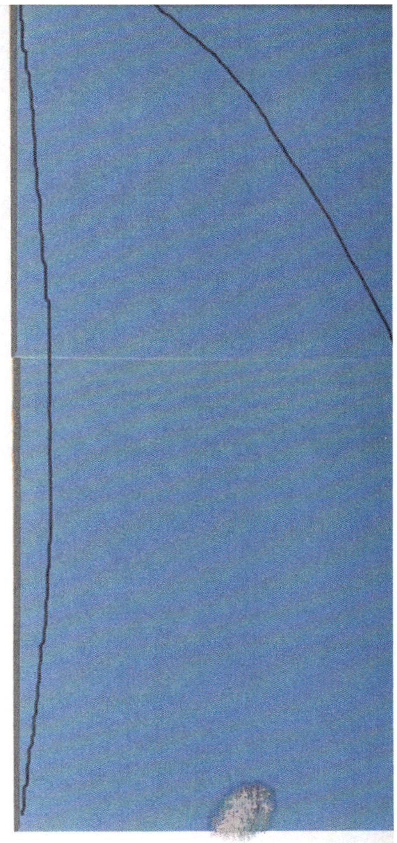

Ich mache Bilder, deren Anwesenheit ganz real sein kann, wenn sie gelungen sind.

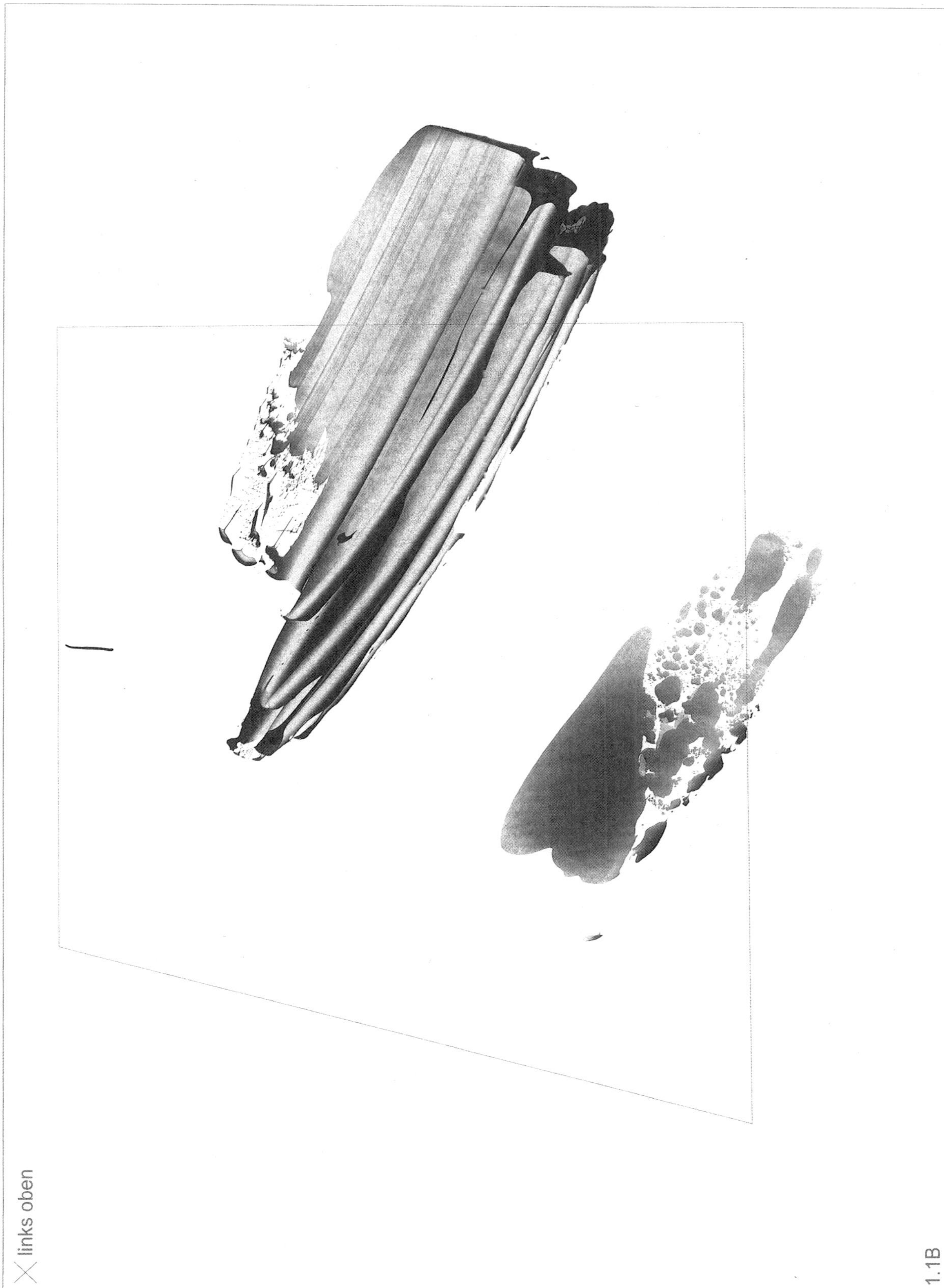
links oben
1.1B

I make pictures that can have a very real presence, when they're successful.

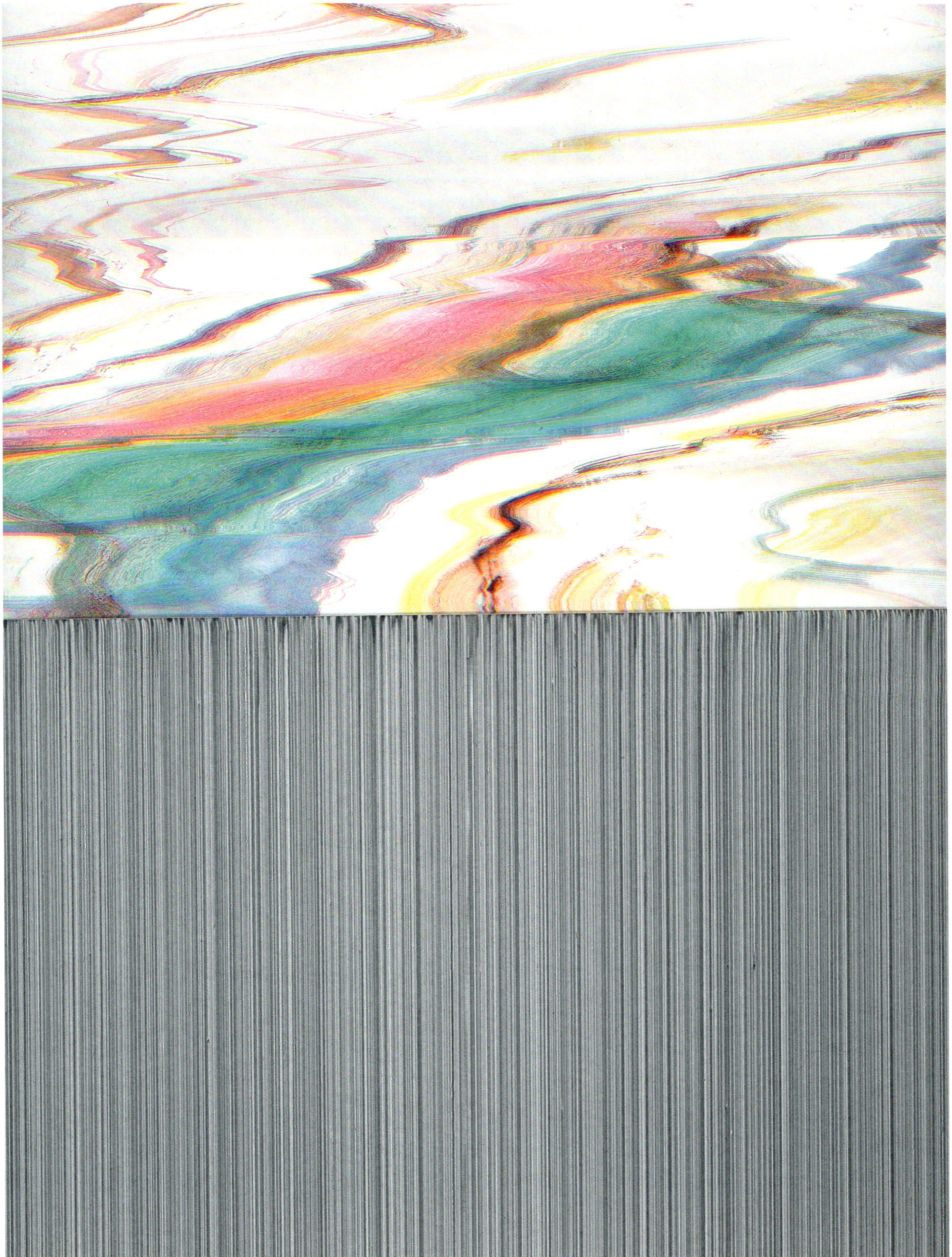

Ich mache Bilder, von denen manche das Leuchten eines Monitors imitieren.

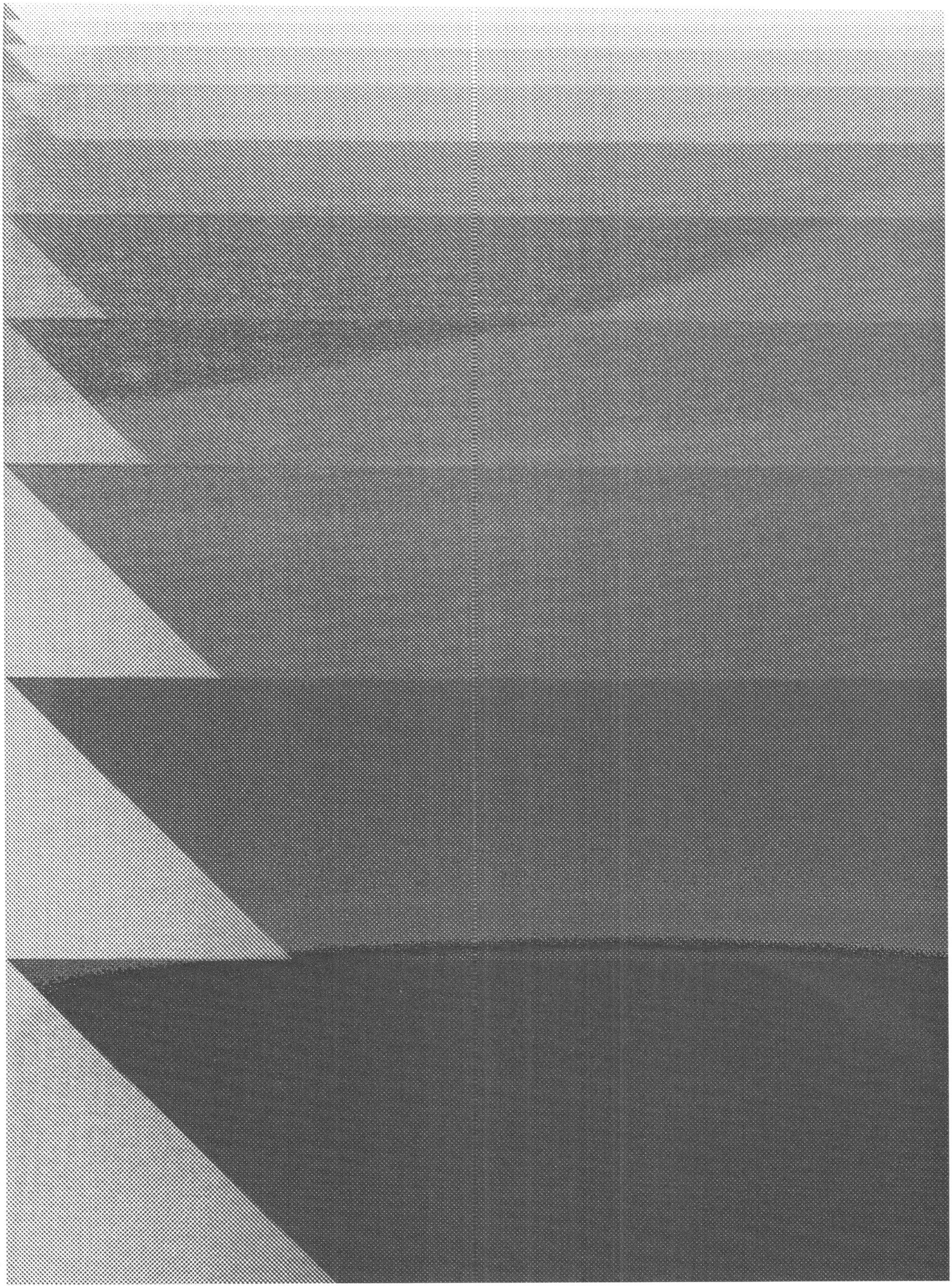

I make pictures, some of which imitate the glow of a monitor.

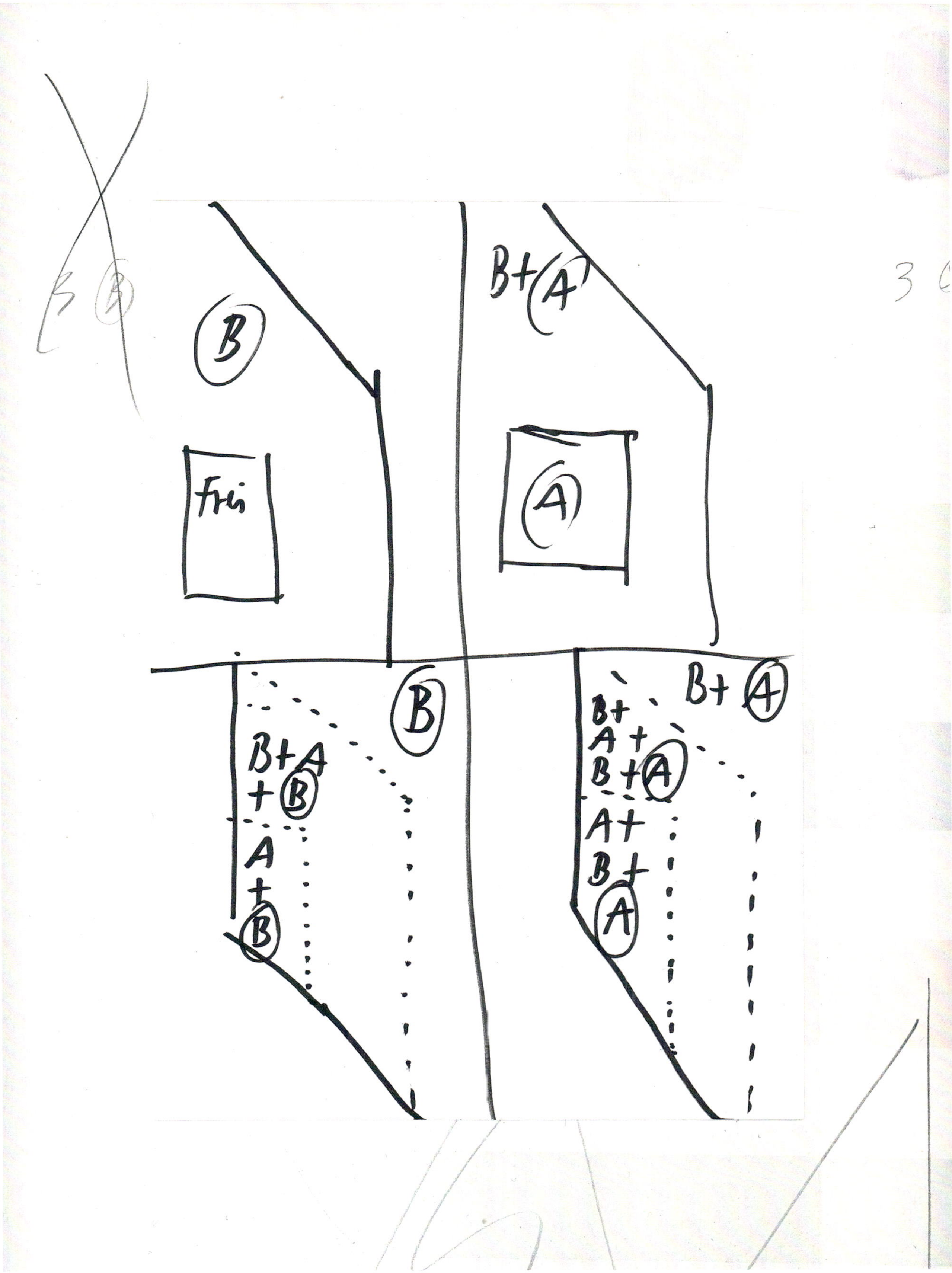
B
Frei
B+A
A
B
B+A
+B
A
+
B
B+A
B+
A+
B+A
A+
B+
A

Ich mache Bilder, die nach einer allgemeinen Aussage suchen.

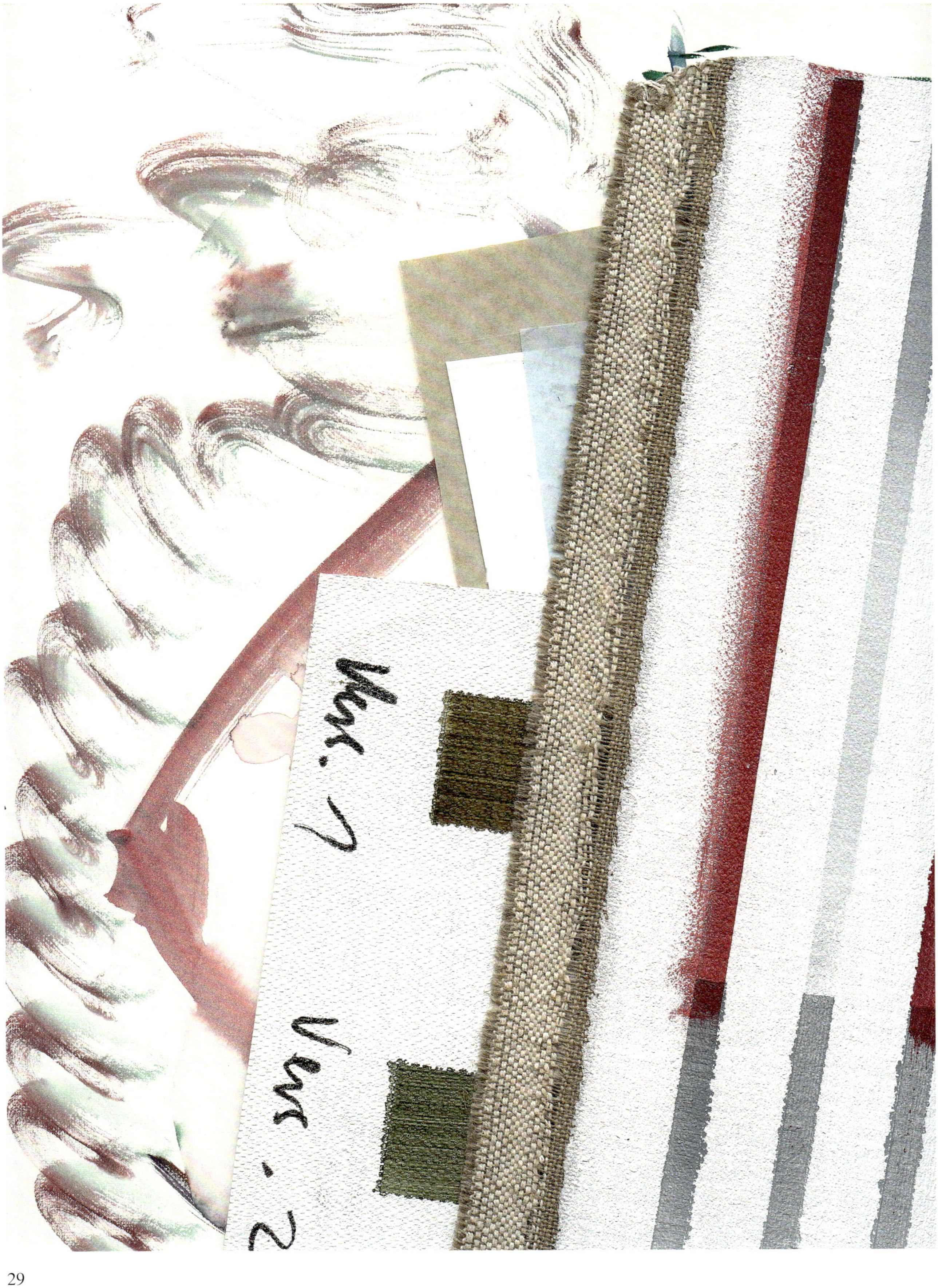
Var. 1
Var. 2

I make pictures that look for a generic declaration.

Ich mache Bilder, deren Entstehung zeitliche Vorgaben unterläuft.

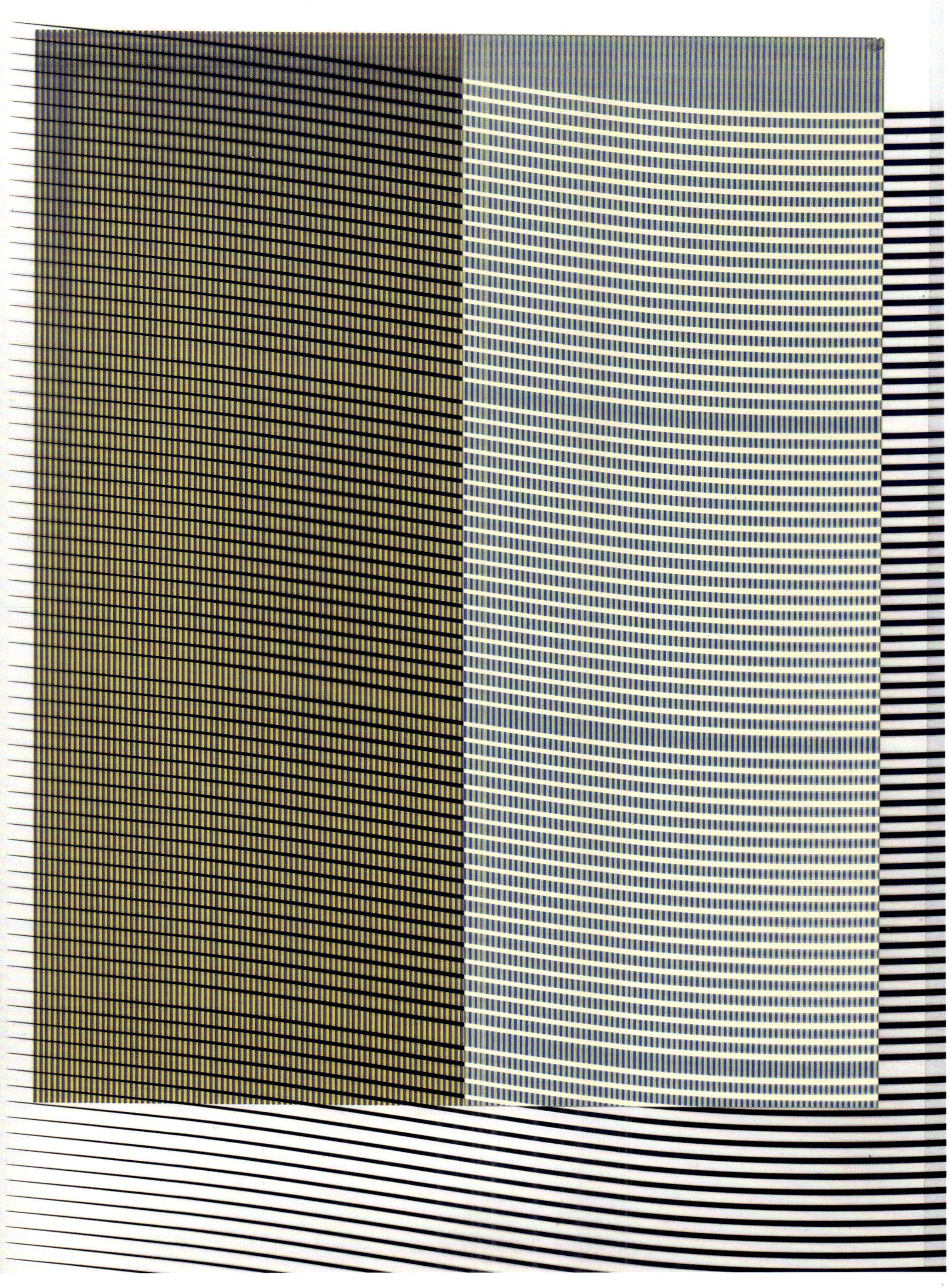

I make pictures that emerge outside of time limits.

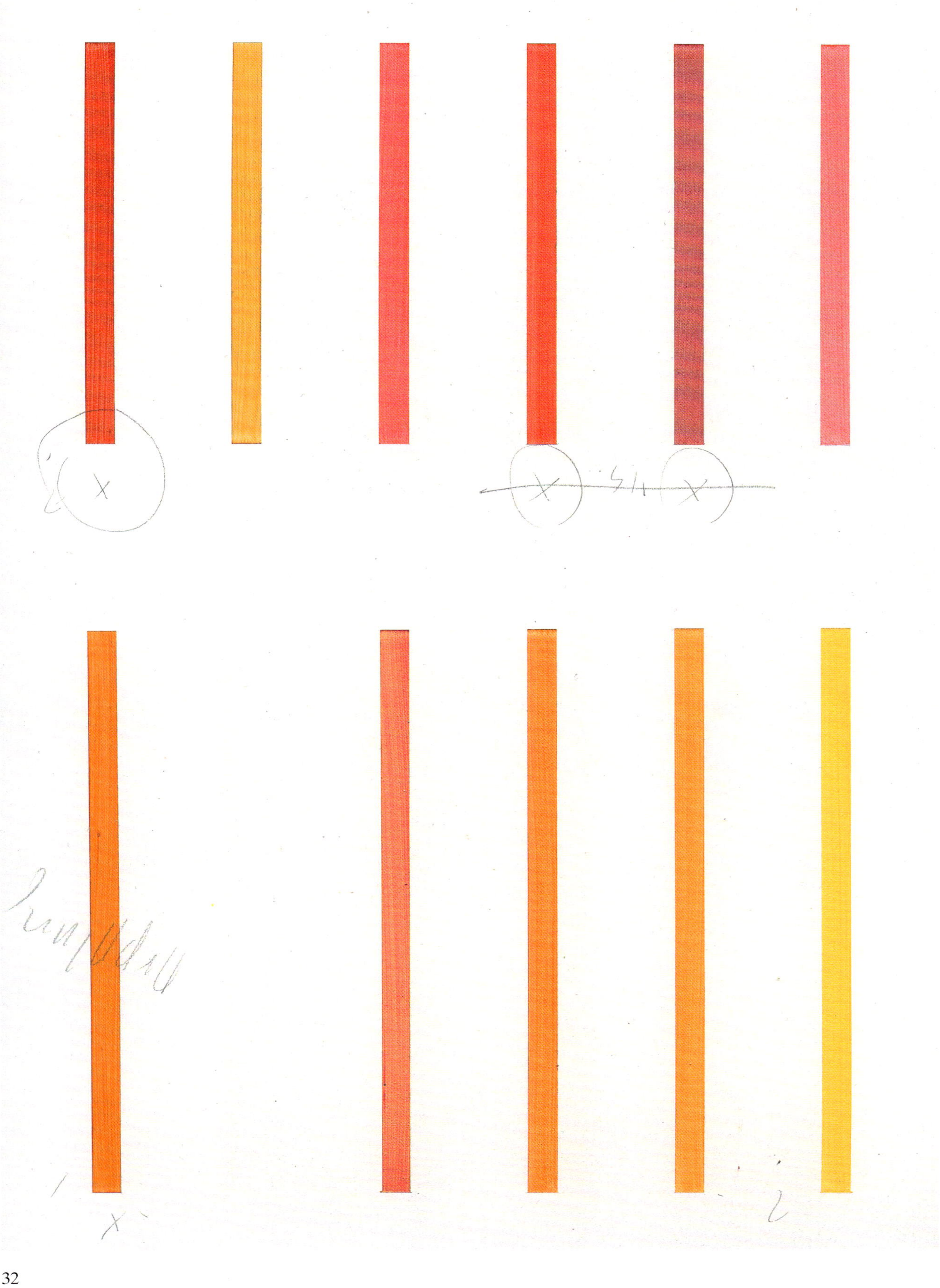

Ich mache Bilder, deren Medium die Ausstellung ist.

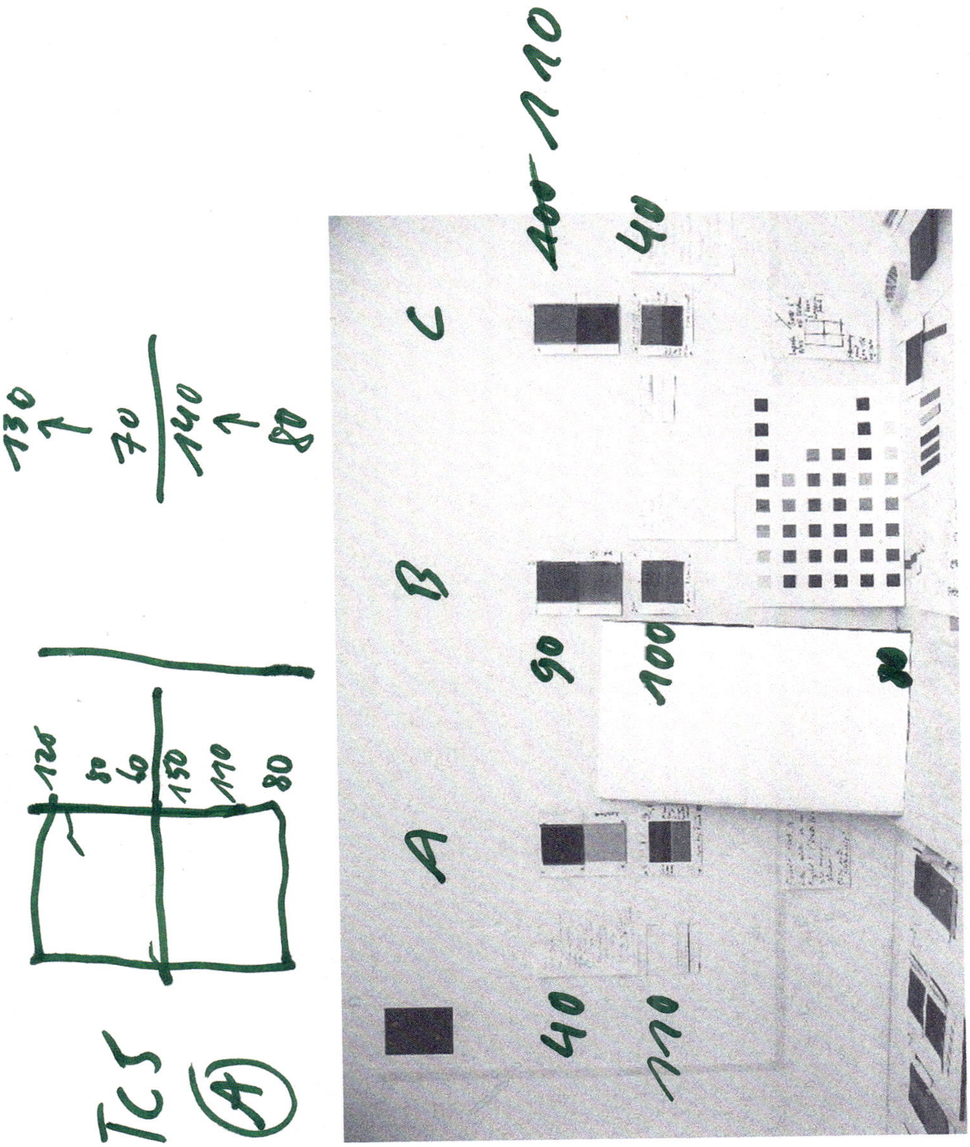

I make pictures that take the exhibition as their medium.

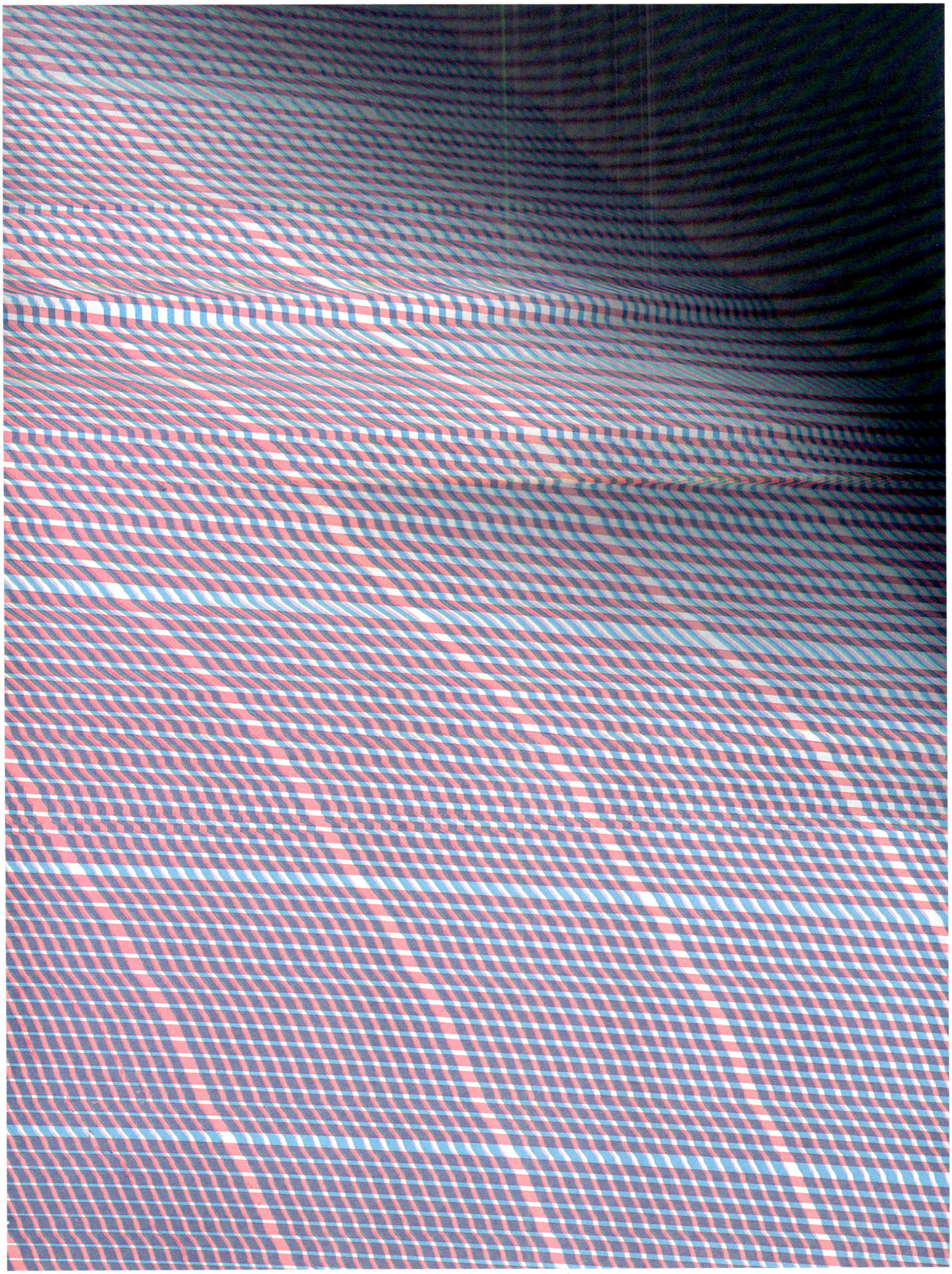

Ich mache Bilder, die ich mir nicht vorstellen kann.

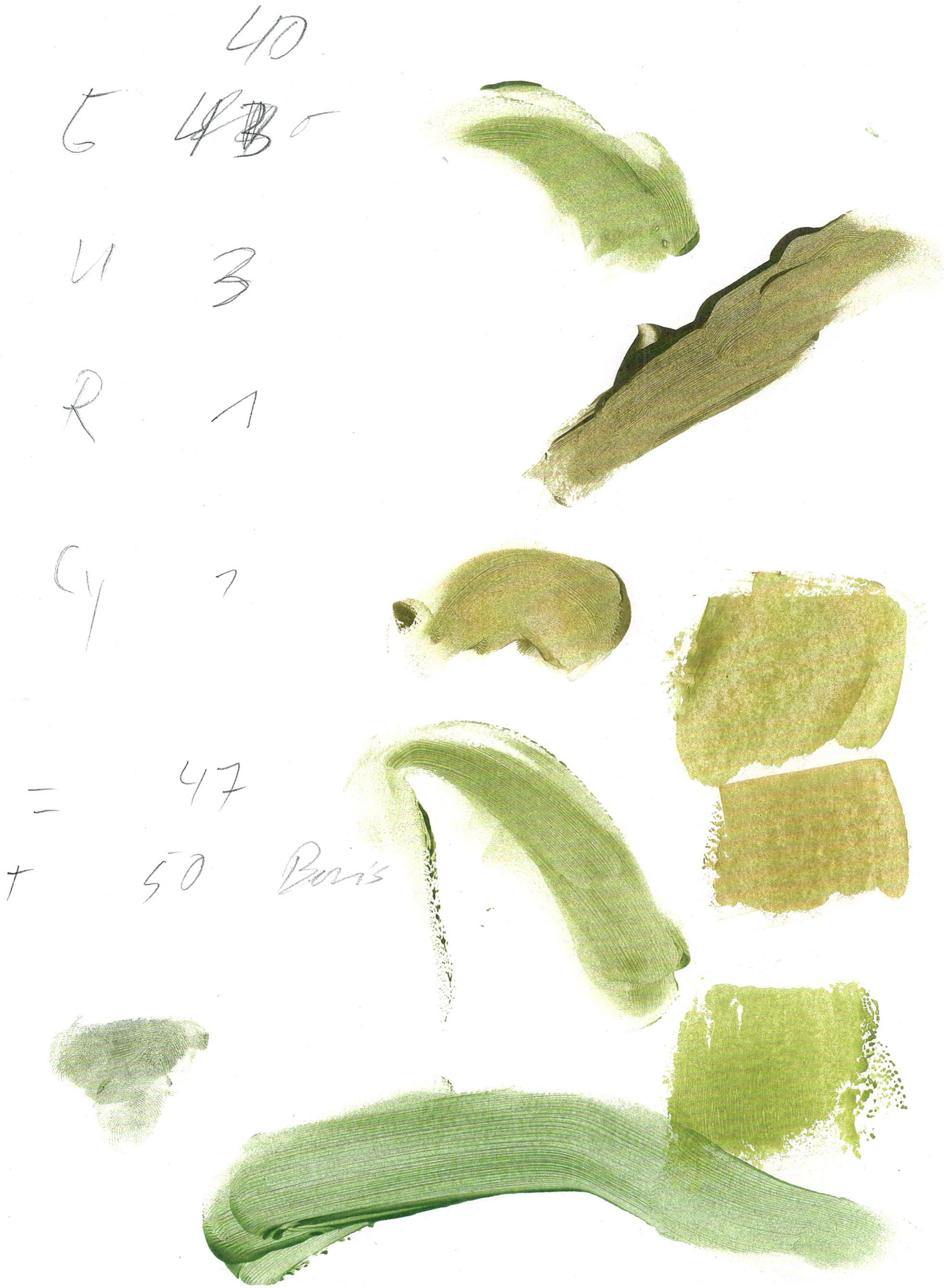
40
G
U 3
R 1
Cy 7
= 47
+ 50 Boris

I make pictures that I can’t imagine.

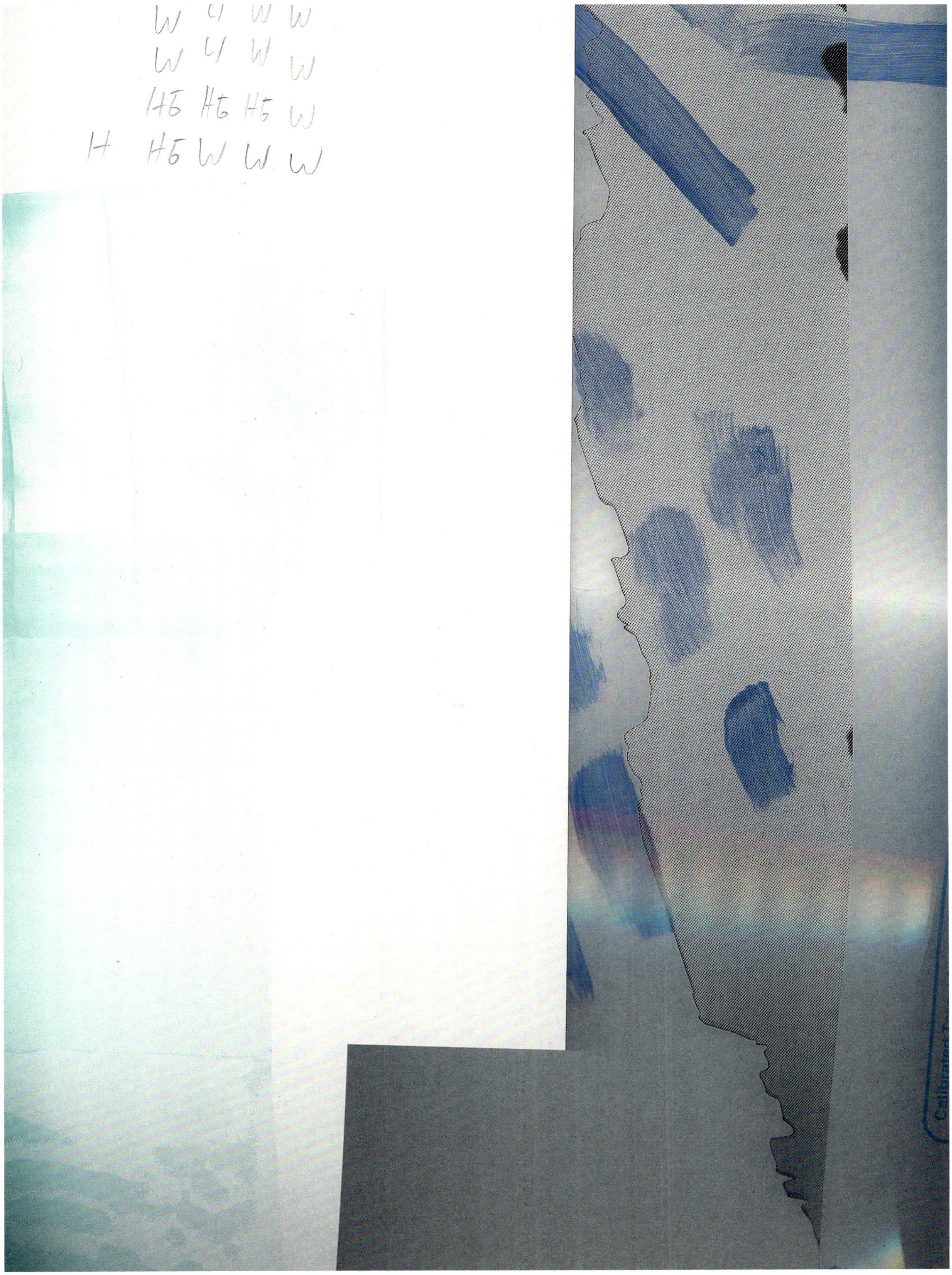

Ich mache Bilder, die ich sehen will.

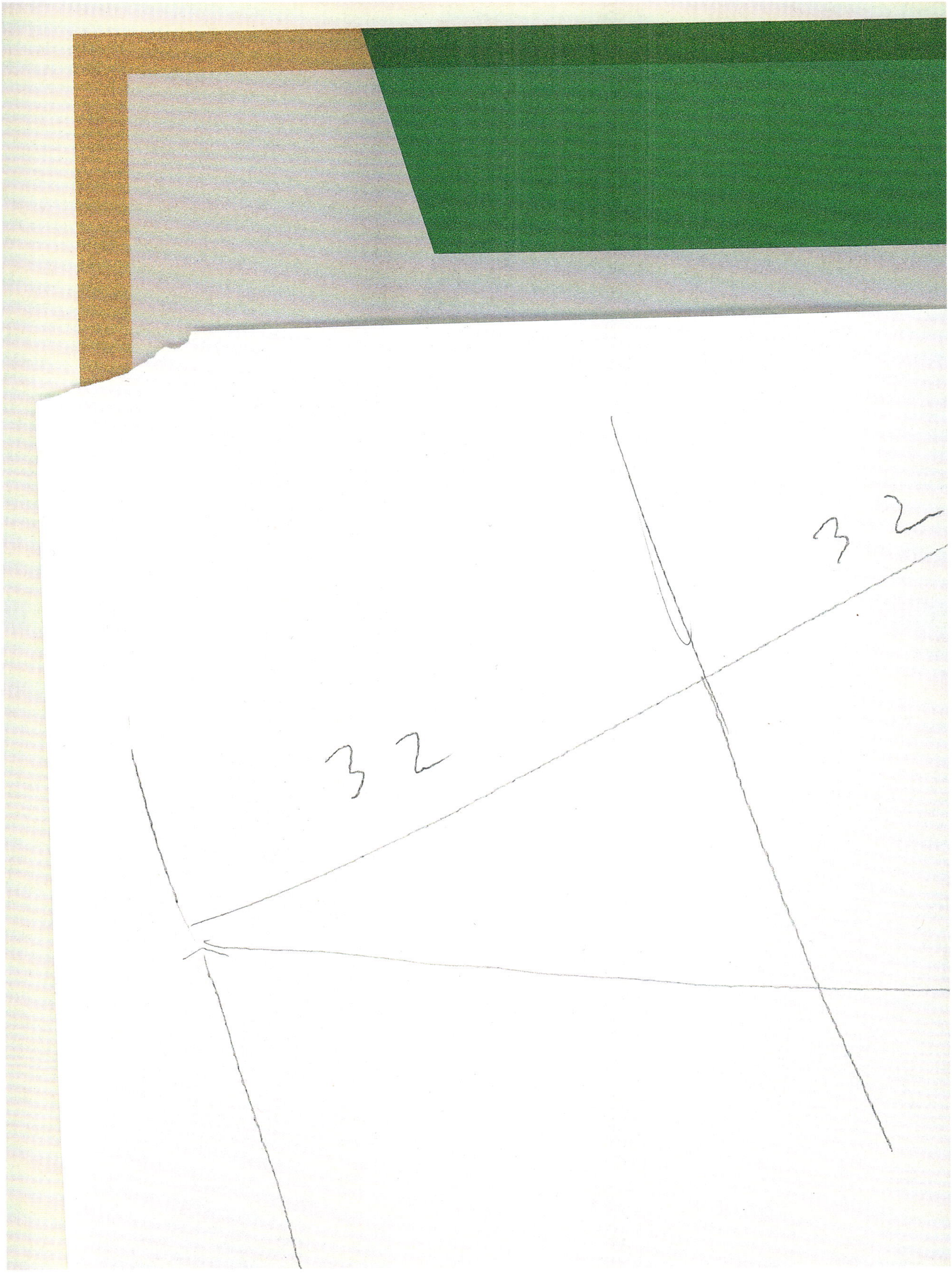
3 2
3 2

I make pictures that I want to see.

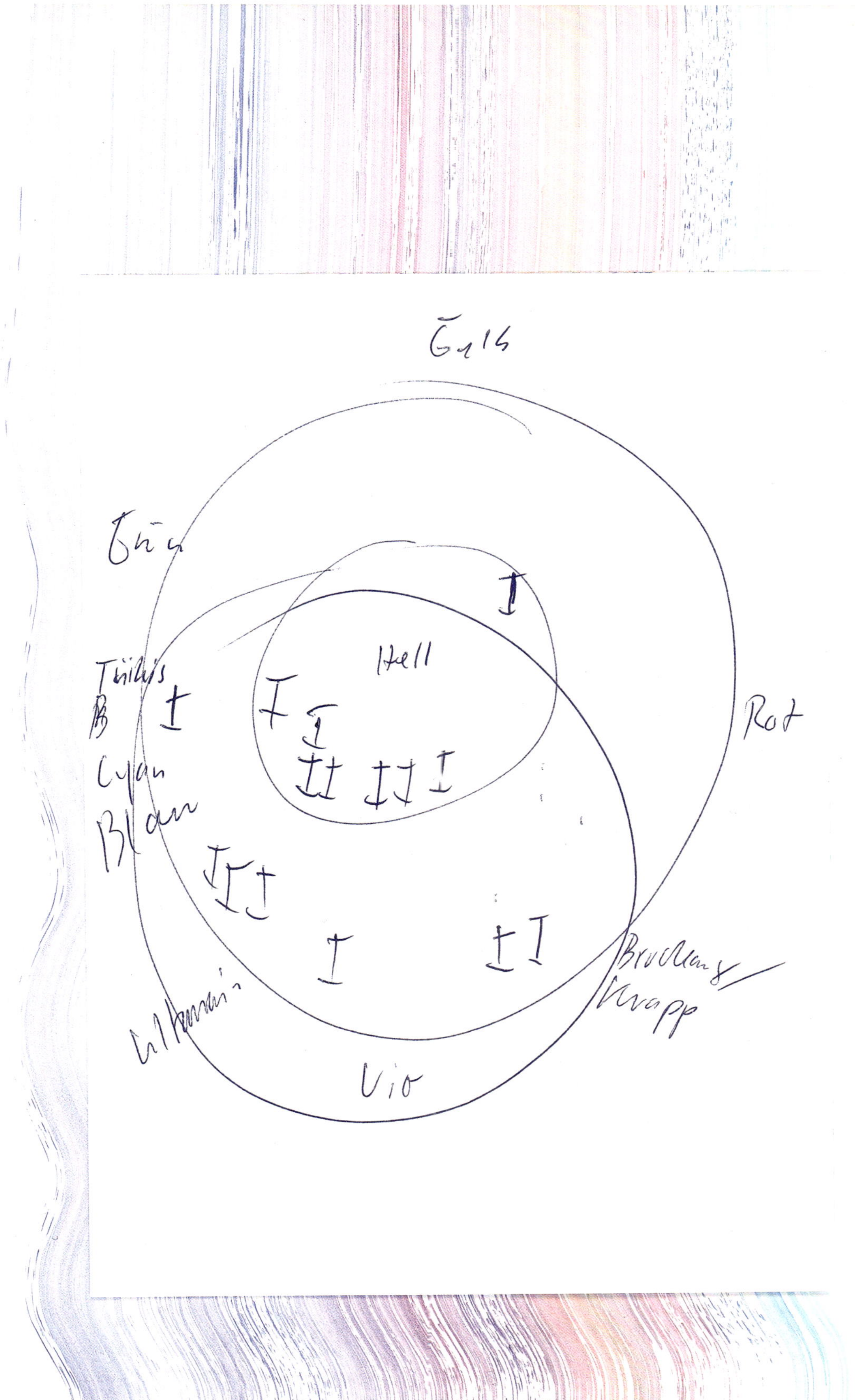
Hell
Rot
Cyan
Blau
Vio

Malerei braucht Zeit. Das heißt: Die Herstellung eines Bildes bedingt einen zeitlichen Verlauf, der oft, aber nicht immer am Gemälde selbst ablesbar ist. Und weiter: Jedes gemalte Bild ist das Produkt dieses Prozesses, selbst wenn dieser in der Malerei nicht mehr nachvollziehbar sein sollte.

Gleichzeitig benötigt auch das Betrachten eines Gemäldes Zeit. Dabei kommen jedoch unterschiedliche Dimensionen der Wahrnehmung ins Spiel: Ein Bild wird geschaut, als Eindruck wahrgenommen und damit klassifiziert. Es erscheint groß oder klein, bunt oder monochrom, vielleicht sogar traurig oder fröhlich. Dieser Eindruck entsteht in Sekundenbruchteilen. Andererseits kann ein Bild auch gelesen werden. Dabei wird es betrachtet, sozusagen mit den Augen abgetastet, mit dem Blick durchwandert. Die Bezüge, die dabei „entdeckt" werden, können durch den Maler angelegt worden sein, genauso gut aber der eigenen Erfahrung des Betrachters entspringen. Meist ist beides der Fall.

Der Verlauf der Wahrnehmung eines Bildes ist von essentieller Bedeutung. Wird im ersten Fall, dem des Schauens, lediglich ein Sofortabgleich mit bekannten Eindrücken vorgenommen, kommt im zweiten Fall, dem des Betrachtens, eine kognitive Leistung zum Tragen. Doch ist das „Schauen" meist nicht weniger eindrücklich oder intensiv. Oft ist sogar das Gegenteil der Fall. Gerade weil ein scheinbar bekannter Eindruck aufgerufen wird, oder vielmehr das Wahrgenommene auf einen bekannten Eindruck reduziert wird, wird dieser besonders intensiv erlebt.

Wenn heutzutage mehr und mehr über Bilder kommuniziert wird, steht das Schauen im Vordergrund. Fotos, im Netz verbreitet, übermitteln Eindrücke, die im Grunde wie Textbausteine das Erleben des Autors wiedergeben oder im klassischen Sinne illustrieren. Bilder, im Sinne von komponierten, lesbaren Darstellungen sind diese jedoch – zumeist – nicht. Und sollen sie auch nicht sein, da hier mit Bildern wie mit Worten „gesprochen" wird, deren Bedeutung als Konvention vorher mehr oder weniger bewusst „vereinbart" wurde. Das Bild im Sinne einer „anderen Wirklichkeit" tritt dagegen zurück, beziehungsweise immer seltener in Erscheinung. Dabei meint hier die „andere" nicht die „virtuelle" Realität, sondern den tatsächlichen

Gegenentwurf zur Realität, der keine Flucht, sondern eine wirkliche Alternative darstellt. Die eigene Realität zu reflektieren ist wesentlicher Bestandteil des Bewusstseins, wird aber – zumindest im Visuellen – mehr und mehr von bloßer Selbstbestätigung verdrängt. Waren Bilder früher als seltene Objekte Anlass, die eigene Welt mit der Dargestellten zu vergleichen und letztlich über die Differenz den eigenen Horizont zu erweitern, werden diese heute als omnipräsente Erscheinung oft nur mehr verkürzt als flüchtige Zeichen der Verständigung aufgefasst.

Da Malerei mehr ist, als das Bild, das sie entwirft, kommt ihr in diesem Kontext eine besondere Bedeutung zu. Sie verbleibt nicht in der Funktion des Zeichens, sondern stellt zugleich ihr „Gemachtsein" aus. Die Zeit, die der Entstehungsprozess eines Gemäldes fordert, bleibt dem Bild eingeschrieben. Malerei hat also immer beide Dimensionen, die des Schauens, wie auch des Betrachtens. Selbst dann wenn ein Gemälde reduziert monochrom und ohne Geste ausgeführt ist, erschöpft es sich nicht im augenblicklichen Schauen. Es ist mehr als der Bildeindruck, es bleibt ein gemachtes Objekt aus Farbe, Bildträger und sonstigen Materialien.

Jonas Weichsel verweist in seiner Malerei auf diese Qualitäten. Er entwirft seine Bilder mit nahezu wissenschaftlicher Akribie, folgt festgelegten Verfahrensweisen. Er nimmt den Betrachter mit auf die Reise, zeigt Prozesse auf und Zwischenzustände und doch steht am Ende ein Bild, das zuallererst als Eindruck funktioniert. Seine Malerei ist präsent, wird geschaut und erfasst, ohne jedoch als Botschaft oder Zeichen erkannt zu werden. Und genau deshalb setzt der betrachtende Blick ein. Ein Blick, der sich auf die Suche macht, das Bild als „Gemachtes" zu erkunden. Der Betrachter möchte verstehen, was er sieht, wird aber irritiert durch kleinste Setzungen, die den Bildeindruck stören. Er folgt dem Maler und stößt doch immer wieder an eine Grenze, die ihn aus dem Bild „katapultiert". Einzelne Details rücken in den Fokus und brechen den Gesamteindruck auf. Die Malerei entwirft Raum und zeigt sich zugleich als gestaltete Fläche. Als Objekt verweist sie auf die ihr zugrundeliegenden Materialien, deren physikalische, wie auch optische Relevanz.

Für den Projektraum im Museum Wiesbaden hat Jonas Weichsel eine Werkinstallation entworfen, in der die einzelnen Bestandteile nicht nur für sich, sondern ebenso im Bezug zueinander, ja sogar als Gesamtkomposition zu sehen sind. Er kombiniert unterschiedliche Trägermaterialen, wie auch Darstellungsebenen. Das Fenster als bildnerisches Element wird mit dem Fenster als Teil der Architektur verschränkt, genauso wie die Wandmalerei im Siebdruckbild auf der gegenüberliegenden Seite des Raumes einen Reflex zu finden scheint. Gegenstand, Bild und Abbild werden problematisiert und in verschiedenen malerischen Formaten untersucht. Dabei entsteht nicht nur ein Beziehungsgeflecht innerhalb des konkreten Raumes, sondern darüber hinaus zu weiteren Arbeiten Weichsels, mithin zu seiner grundsätzlichen malerischen Haltung. So liefert die malerische Grundstruktur vorangegangener Gemälde die Druckvorlage für die beiden großformatigen Siebdruckübermalungen im Projektraum, mithin wird hier das Bild zum Abbild und letztlich zurück zum Bild verwandelt.

Jonas Weichsel arbeitet in Serien. Seine Arbeiten bauen aufeinander auf, werden quasi beständig „recycelt“ oder „gesampelt“ und aufeinander bezogen. Am Ende aber steht jede als Ergebnis für sich, als ein feststehender Ausdruck, der vollkommen unabhängig gelesen werden kann. Eine besondere Qualität seiner Malerei entspringt der Spannung oder Differenz zwischen dem spontanen und einmaligen Erlebnis des Bildes einerseits und dem Wissen um die Produktion und „Gemachtheit“ desselben andererseits. Dabei ist es von Bedeutung, dass Weichsel den Aufbau seiner Bilder nicht verbirgt auch wenn diese keine (zumindest keine sichtbare) Handschrift des Künstlers tragen. Der Entstehungsprozess seiner Bilder wird begleitet von aufwändigen Vorarbeiten, von Testreihen und Experimenten, die im Ergebnis eine Art Programm zur Folge haben, das den Produktionsprozess vorgibt und begleitet. Das Bild an sich jedoch bleibt unvorhersehbar, da Zufälligkeiten oder auch subjektive Eingriffe den Vorgang beeinflussen.

Die Malerei selbst vereint damit beides, einerseits Klarheit, andererseits Komplexität, je nach Blickwinkel oder auch Betrachtung. Und sie bringt diese beiden Aspekte zusammen nicht nur im Kontext der Rezeption, sondern genauso auch der Produktion. Sowohl im Prozess der Herstellung, wie auch in der Wahrnehmung erhalten Weichsels Bilder sich diese Ambivalenz. Seine Malerei entwirft damit Bilder, die sich der Welt der flüchtigen Zeichen verweigern, die sich letztlich dagegen sperren, Abbild zu sein. Zugleich aber verweigern sie eine Wahrnehmung als ikonische Erscheinung, da sie die Geschichte ihrer eigenen Herstellung, wie auch Verweise auf andere Bildlichkeiten sichtbar in sich tragen.

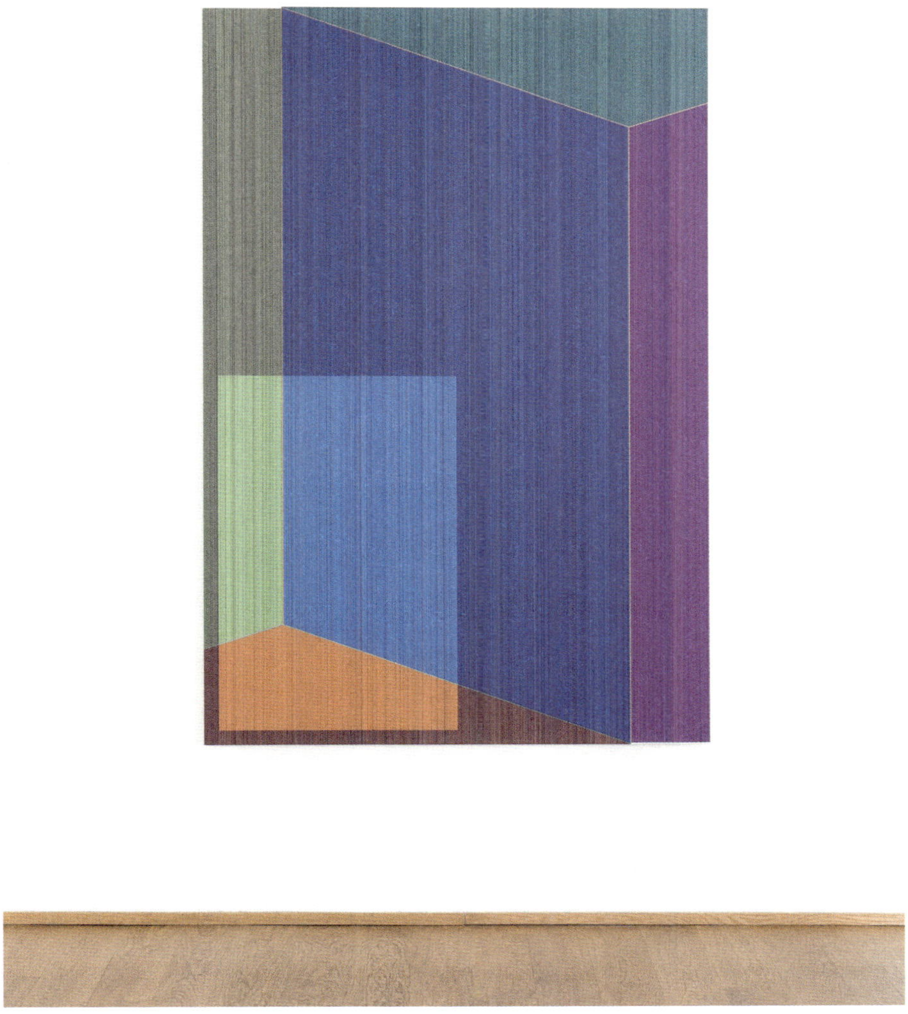

A

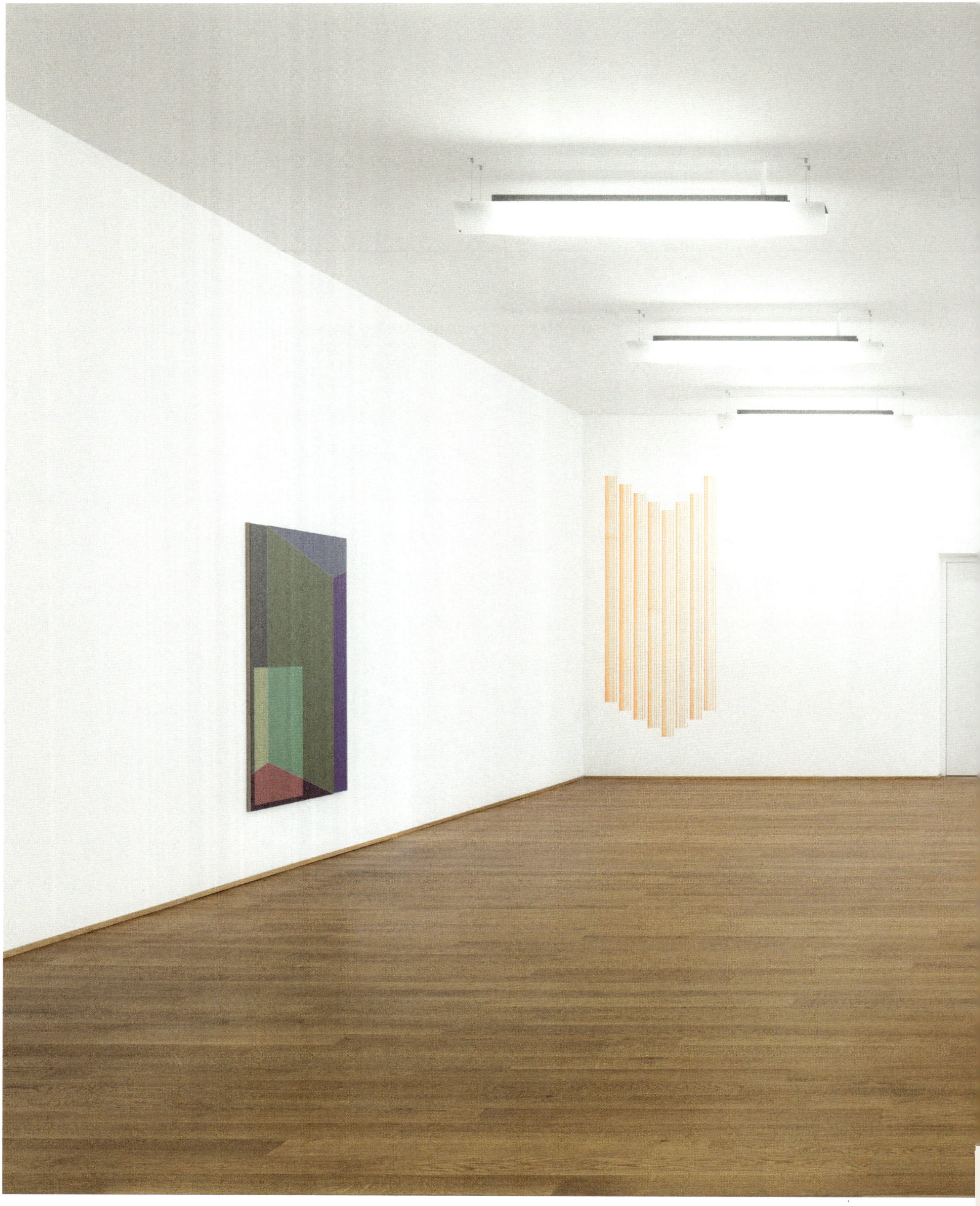

B/C

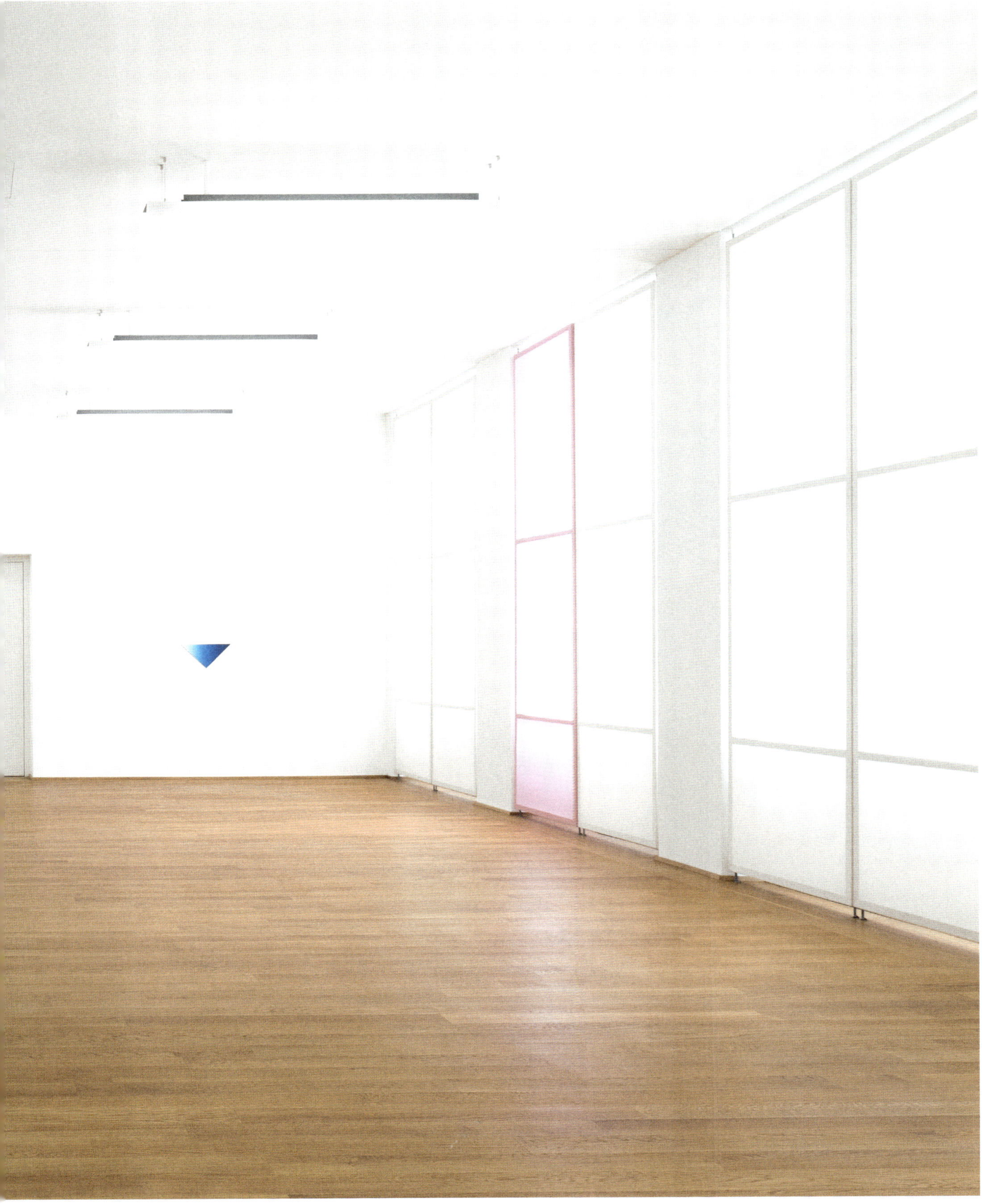

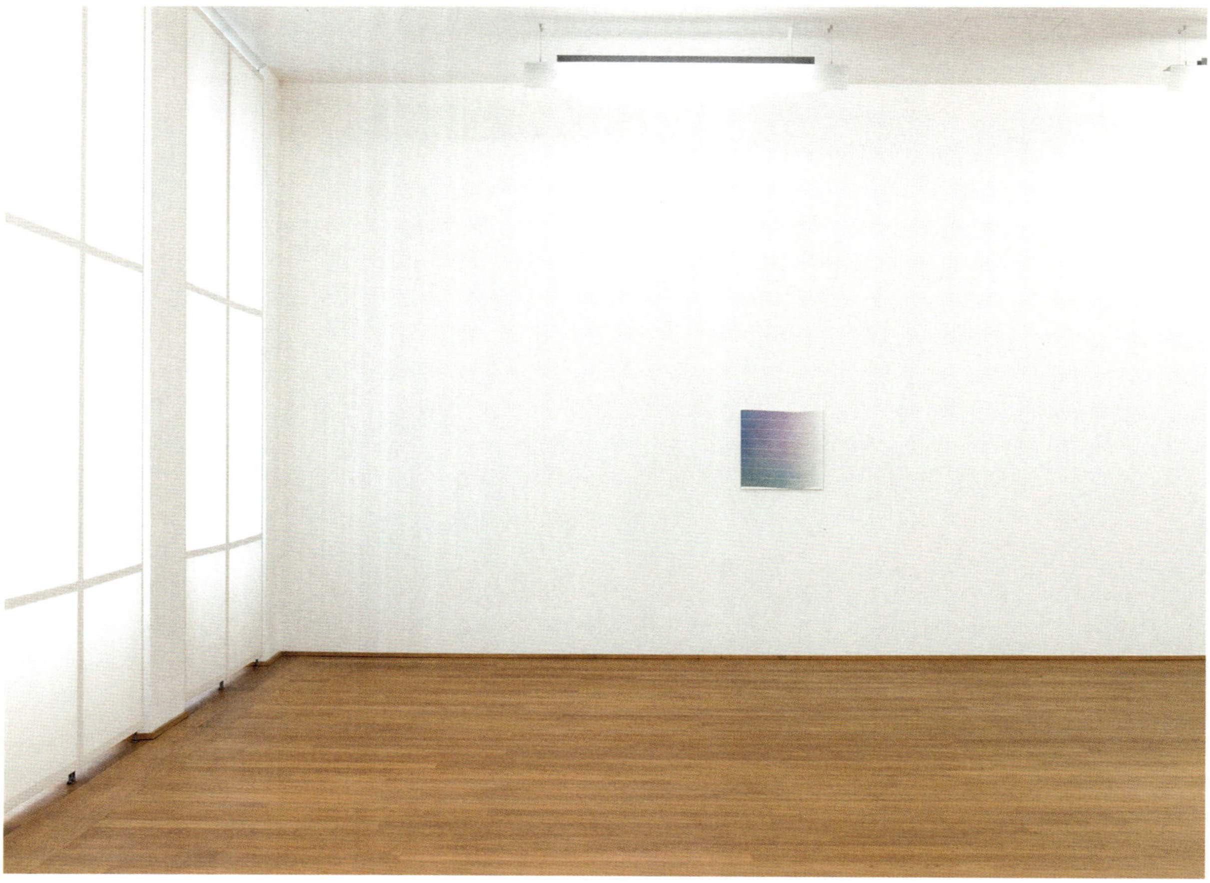

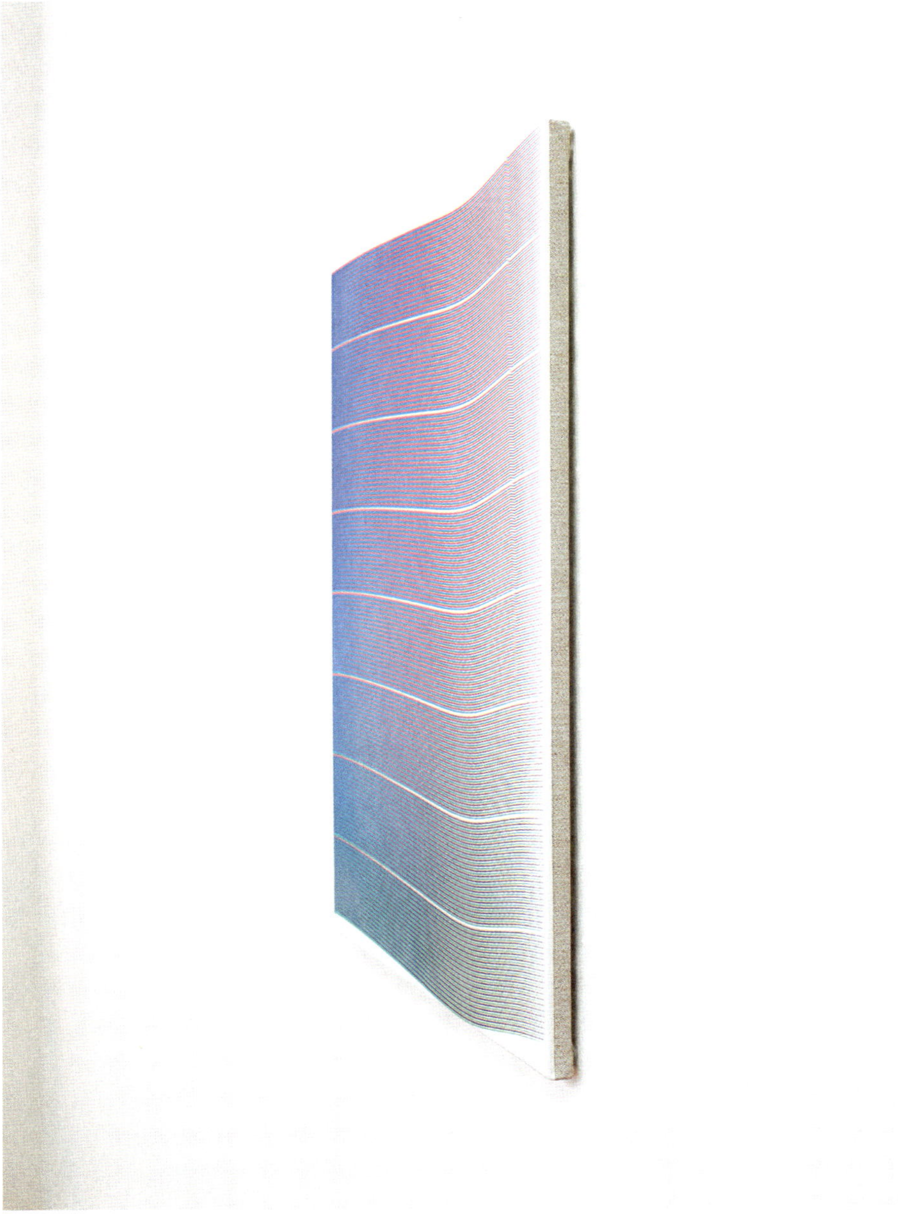

D

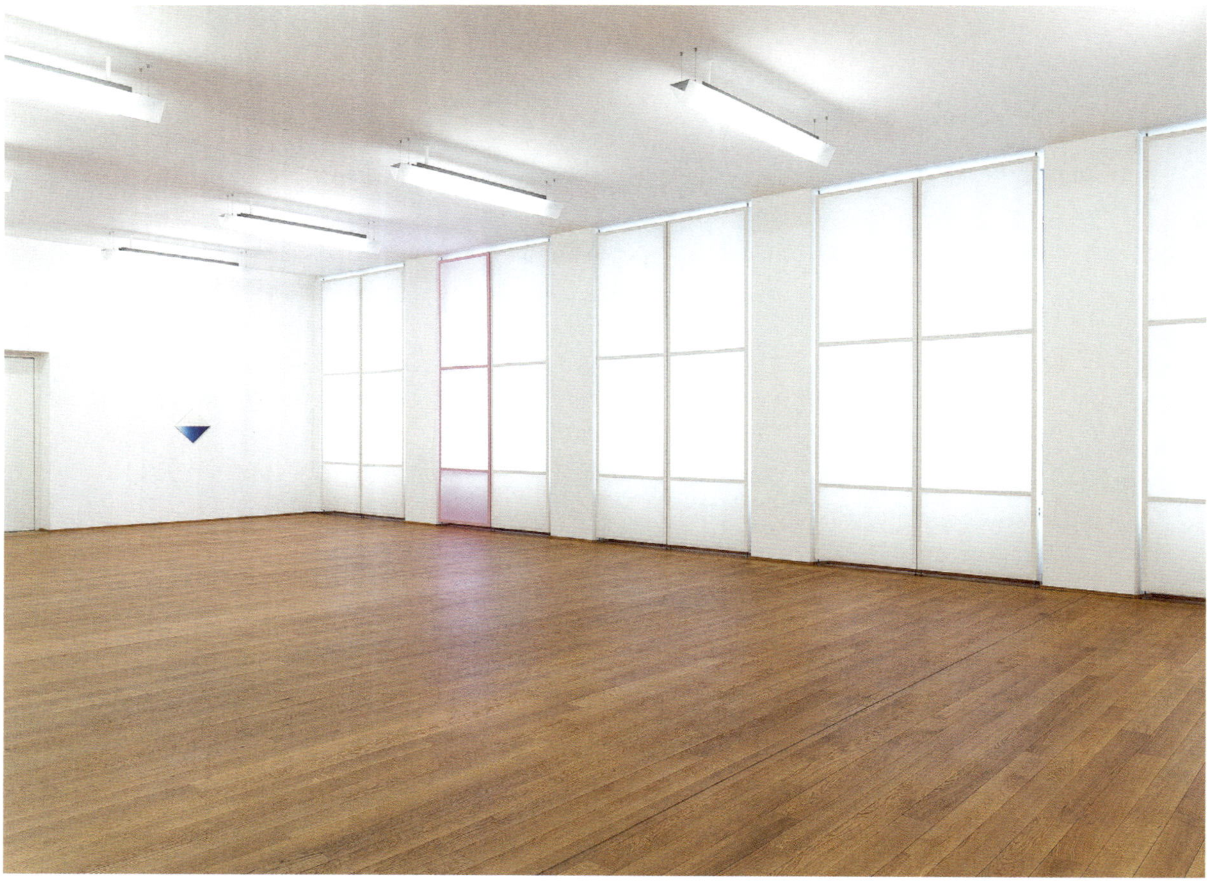

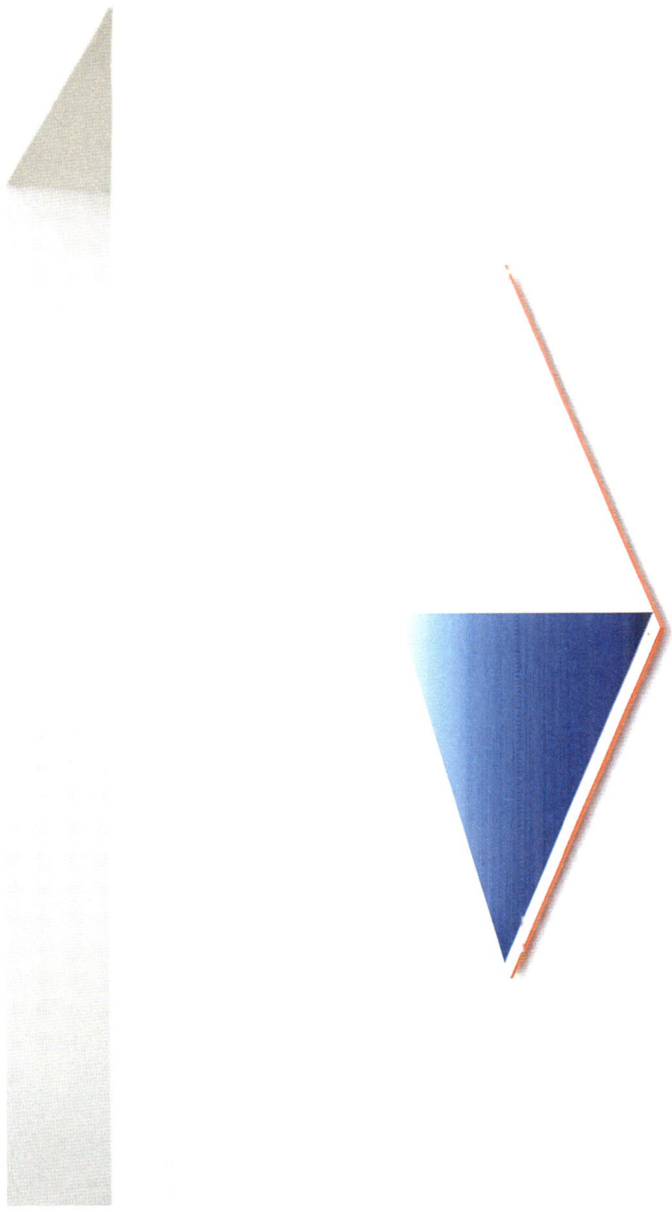

E

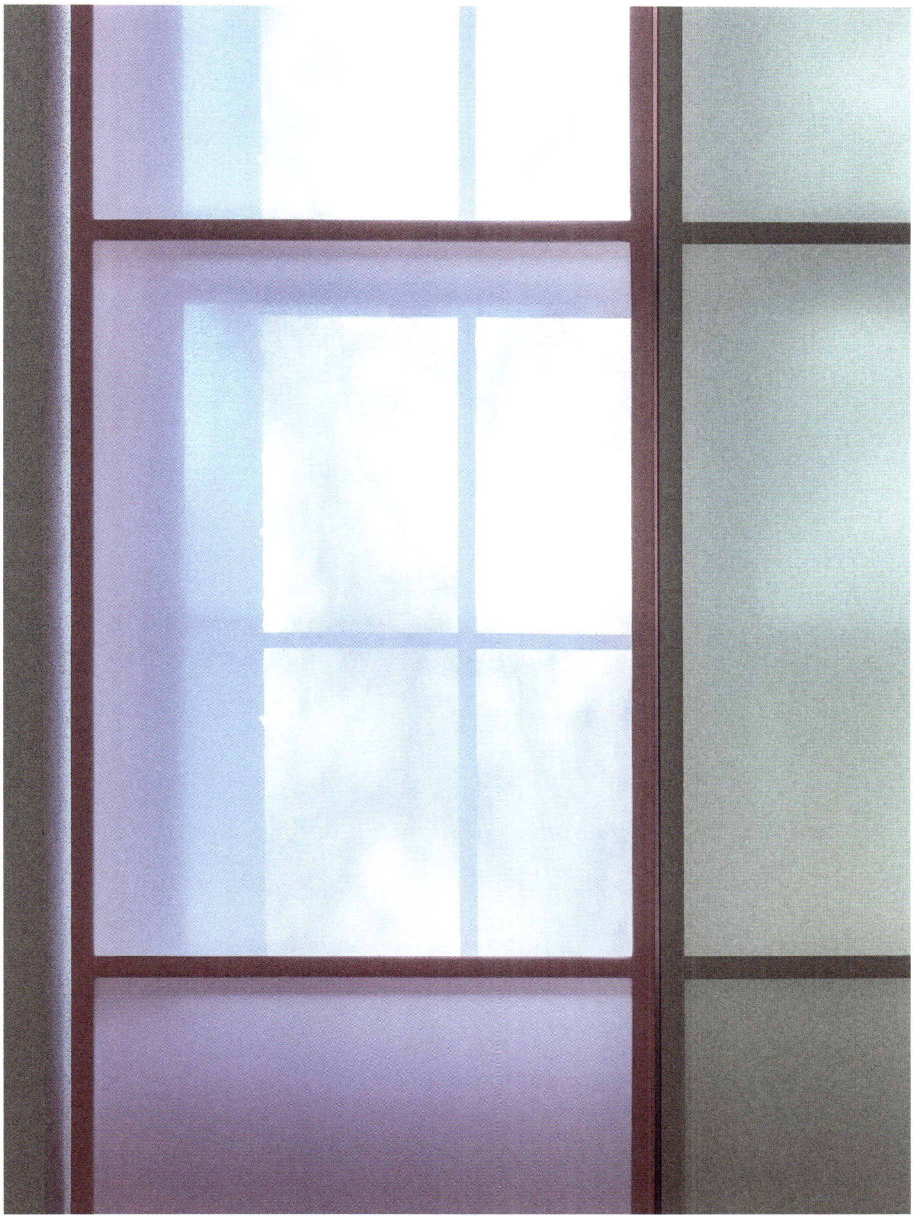

F

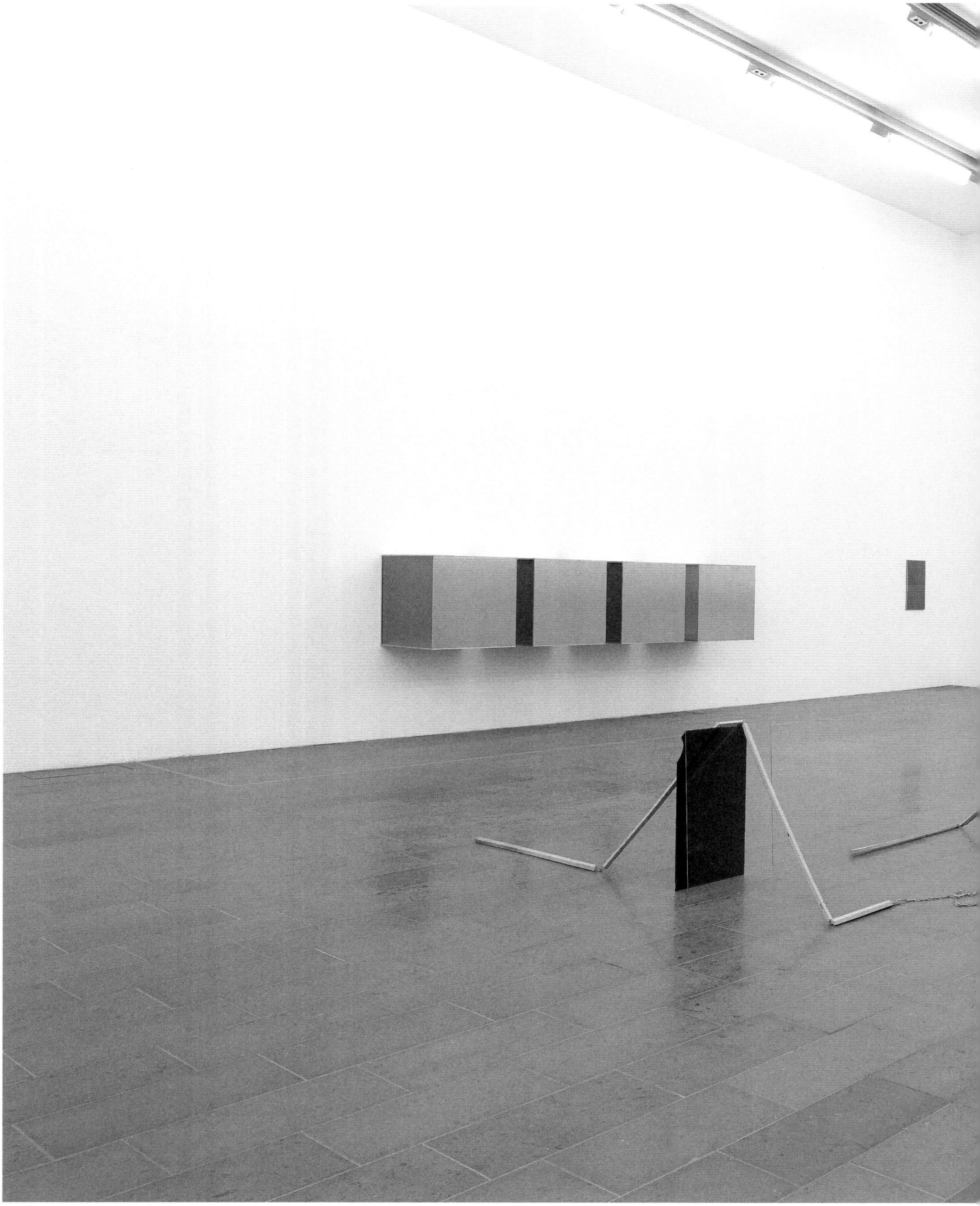

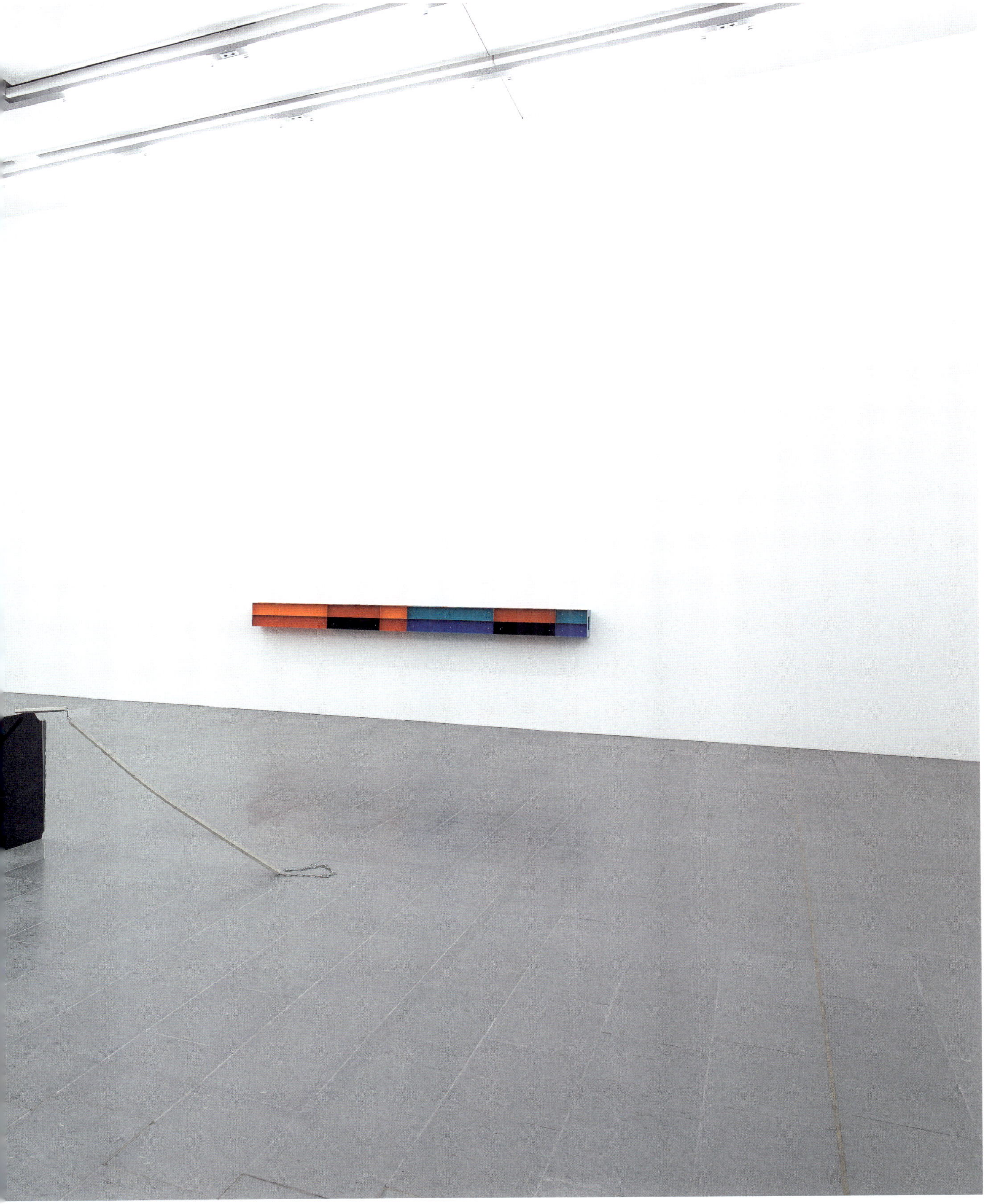

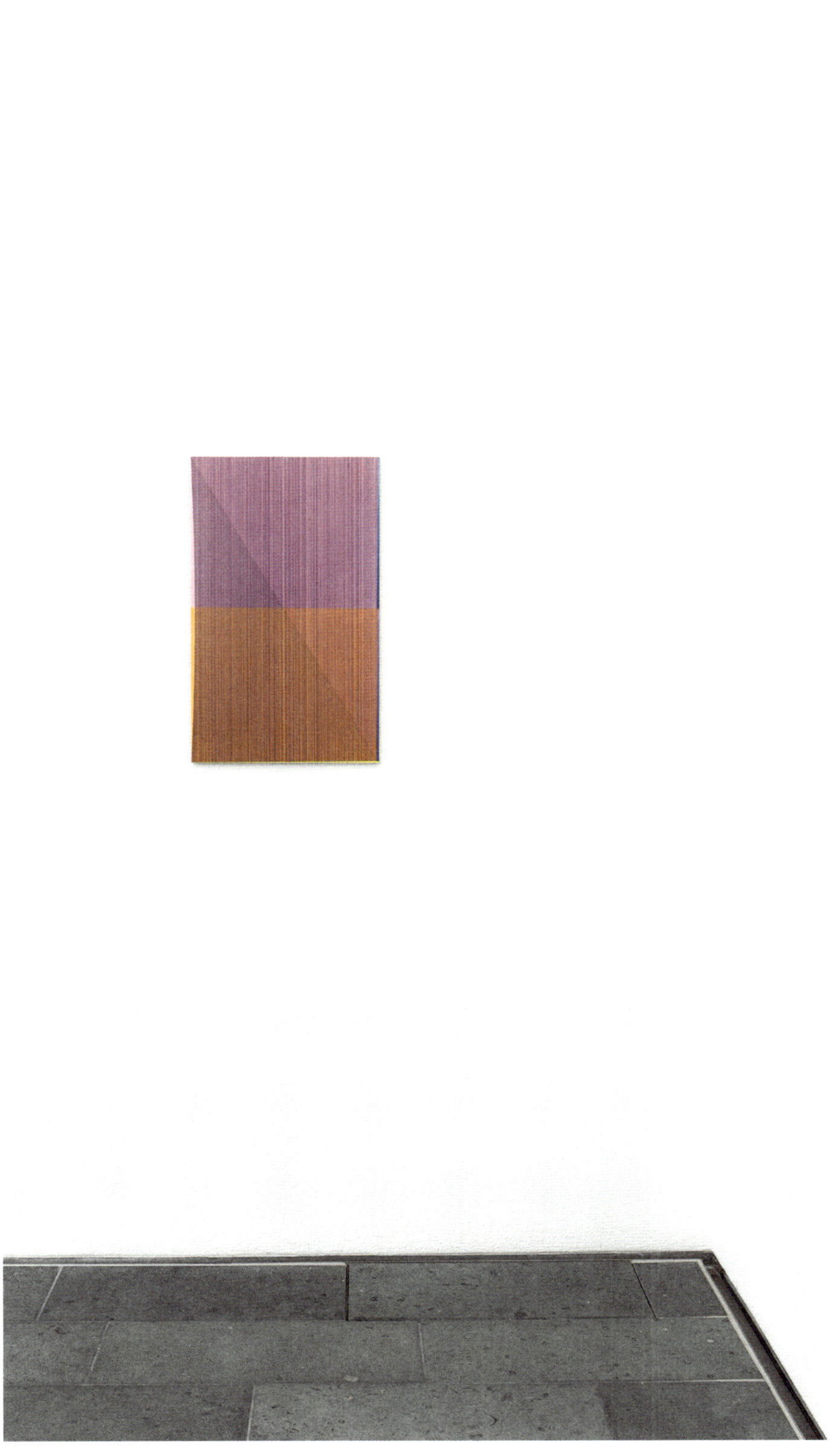

H

Painting requires time

Jörg Daur

Painting requires time. That is, the production of a painted picture necessitates a temporal process that is often, but not always, recognizable in the painting itself. Moreover, every painted picture is the product of such a process, even when this process is no longer visible in the outcome.

Looking at a painting also requires time. Yet, here, different dimensions of perception come into play. A picture will be looked at, taken in as an impression and classified. It appears big or small, colorful or monochrome, perhaps even sorrowful or cheerful. This impression is formed in fractions of a second. But, a picture can also be read. That is, contemplated, examined with the eyes, explored with the gaze. The relationships "discovered" thereby may have been put there by the painter, or just as likely derive from the viewer's own experience – generally, both.

The process of apprehending a picture bears great significance. If, in the first case, of "looking," merely an immediate comparison with familiar impressions takes place, in the second instance, that of "examining," an act of cognition comes into effect. Yet, "looking" is usually no less impressive or intense. Often, it is quite the opposite. Precisely because a seemingly familiar impression is awakened – or, rather, because that which is perceived is reduced to a familiar impression – "looking" is experienced with particular intensity.

With the increasingly visual nature of contemporary communication, looking becomes paramount. Photos distributed on the Internet transmit impressions that essentially serve as building blocks representing, or, in the classical sense, illustrating, the author's experience. They are not – for the most part – however, pictures, in the sense of composed, interpretable representations. Nor are they intended to be, since pictures, in this case, are used like words to "speak" and their meaning as convention has been more or less consciously "agreed upon". The picture as an "other reality" is receding, by comparison; that is, its appearance has grown ever more seldom. "Other," in this instance, does not mean "virtual" reality but an actual counter version to reality that does not constitute a flight but, rather, represents a genuine alternative. To reflect on one's own reality is an essential facet of consciousness, which is being increasingly displaced – at least visually – by mere self-confirmation. If pictures were once rare objects occasioning the comparison of one's own world with the one they depict so as to ultimately broaden the horizon of one's own upon recognizing the difference, pictures today are omnipresence phenomena, often only merely briefly registered as fleeting symbols of understanding.

Because painting is more than the picture it creates, it bears a special significance in this context. It does not remain in the function of the sketch, but exhibits the essence of its "madeness." Time required for a painting's production process remains inscribed in the picture. Painting, then, always contains both dimensions, that of looking and of contemplating. Even a monochrome, gestureless painting cannot be exhausted by momentary looking. It is more than the impression it conveys; it remains a created object, made of color, medium and other materials. The work of Jonas Weichsel makes reference to these qualities. He drafts his pictures with almost scholarly meticulousness, following established procedures. He takes the viewer along on a journey, reveals his working process and stages of production – and, yet, in the end, a picture emerges that functions, in the first instance, as an impression. His painting is present; it is looked at and apprehended without, however, being recognized as message or symbol and, for precisely this reason, the gaze of contemplation sets in – a gaze that seeks to understand the picture as "made." Viewers wants to understand what they see, but become irritated by tiny superimpositions that disturb the impression. Viewers follow the painter but are thrust, repeatedly, against boundaries that "catapult" them out of the picture. Individual details come into focus and interrupt the overall impression. The painting drafts space and, at the same time, reveals itself as constructed surface. As an object, it references its essential materials, their physical and optical relevance.

For the project room in Museum Wiesbaden, Jonas Weichsel designed an installation in which the individual elements can be seen in their own right, as well as in relation to one another, even as an overall composition. He combines various material media and levels of representation. The window as pictorial element is interlocked with the window as architectural element, just as the mural appears to reflect the silkscreen on the opposite side of the room. Object, image, reproduction – all are problematized and examined in various painterly formats, creating not only a net of relationships within the concrete space but to other of Weichsel's works, as well as to his essential painterly attitude. The foundational structure of a previous painting serves as the template for both large-scale silkscreens in the project room, transforming picture into reproduction and, finally, back to picture.Jonas Weichsel works in series. His paintings build on one another, are more or less continually "recycled" or "sampled" and put into relation with one another. In the end, each stands alone as an outcome, as a fixed expression, readable in its own right. A particular quality of his work derives from the tension or difference between the spontaneous and unique experience of the picture, on the one hand, and the knowledge of its production and "madeness" on the other. It is significant, here, that Weichsel does not conceal the structure of his works, even if it does not bear his signature (at least not visibly). The creative process of his works involves extensive preparation, test series and experiments that result in a kind of program that determines and guides the process of production. The picture in itself, however, remains unforeseeable as the result of contingencies and subjective interventions that influence the process.

The painting itself, thus, unites both clarity and complexity, depending on the viewer's perspective and approach. It brings both aspects together not only in the context of reception but equally, of production, as well. Weichsel's works retain this ambivalence in the process of production, as well as of perception. His paintings create pictures that reject the world of fleeting signs and that ultimately refuse to be reproductions. At the same time, they refuse to be perceived as iconic phenomena in that they contain and reveal references to other images, as well as the history of their own production.

Ausstellung
Exhibtion

A
Fc 190 III (Indanthron Blau)
Fc 190 III (Indanthrone Blue)
2016
Acryl und UV-Druck auf Leinwand, Aluminiumrahmen
Acrylic and UV print on canvas, aluminium frame
Courtesy of the artist and Galerie Parisa Kind, Frankfurt

B
Fc 190 (Zinnobergrün)
Fc 190 (Cinnabar Green)
2016
Acryl und UV-Druck auf Leinwand, Aluminiumrahmen
Acrylic and UV-print on canvas, aluminium frame
Courtesy of the artist and Galerie Parisa Kind, Frankfurt

C
Wandbild
Wall Painting
2016
Airbrush

D
Flagge
Flag
2016
Acryl auf Leinwand auf starrem Aluminium Bildträger
Acrylic on canvas on aluminium
Privatsammlung
Private Collection

E
Kenneth Bergfeld
2016
Acryl und Öl auf Kupfer
Acrylic and oil on copper
Privatsammlung
Private Collection

F
Lichtfänger
2016
Polyester auf Holzrahmen
Polyester on wooden frame

G
Donald Judd, *Untitled*
1984
Aluminium und Glas, vierteilig, Abstand je 8 Zoll
Aluminium and glass, 4 parts, distance 8 in. each
Sammlung
Collection
Lafrenz

Wiebke Grösch/Frank Metzger, *o.T.*
2012
Glas, Beton, Stahl
Glass, concrete, steel
Leihgabe der Künstler
Artist‘s loan

o.T.
2012
Glas, Beton, Stahl
Glass, concrete, steel,
Permanente Dauerleihgabe der Hessischen Kulturstiftung
Loan of Hessische Kulturstiftung

Jonas Weichsel, *Tc Dia I*
2016
Acryl und Öl auf Leinwand
Acrylic and oil on canvas
Museum Wiesbaden

Donal Judd, *Untitled*
1984
Lackiertes Stahlblech
Painted steel plate
Sammlung
Collection
Lafrenz

H
Tc Dia I
2016
Acryl und Öl auf Leinwand
Acrylic and oil on canvas
Museum Wiesbaden

Werkverzeichnis der abgebildeten Studien
CR of the illustrated studies

1
o.T. /Untitled
2016
Scan eines unbetitelten Aquarells
Scan of an untitled aquarelle

2
o.T. /Untitled
2015
Farbnotizen zu einem
Notes in color for
Fc 200 Bild

3
o.T. /Untitled
2012
Kompositionsskizzen
Composition sketches

4
o.T. /Untitled
2017
Scan von 2 bedruckten Papieren,
Scan of two printed papers,
Bild 1 Hoch

5
o.T. /Untitled
2016
Verschiedene Farbaufstriche zu
Various color applications for
Oc Dia 1
(Ausschnitt / Detail)

6
o.T. /Untitled
2014
Notiz zu einer Wandarbeit im
Notes for a mural in the
Frankfurter Kunstverein

7
o.T. /Untitled
2013
Skizze zum Bildaufbau der *Flipchart* Reihe
Sketches for the structure of the *Flipchart* series

8
o.T. /Untitled
2016
Scan mit Siebdruckfilm
Scan with silkscreen film

9
o.T. /Untitled
2014
Lochschablone zum Vergleichen von Farbaufstrichen
Hole template for comparing color applications

10
o.T. /Untitled
2014
Arrangement eines Farbverlaufs für
Arrangement of color gradient for
Tilted Screens
(Ausschnitt / Detail)

11
o.T. /Untitled
2012
Siebdruck- Farbverlauf, Andruck von
Silkscreen color progression, proof of
Hosk
(Ausschnitt / Detail)

12
o.T. /Untitled
2014
Malmitteltest für
Materials test for
Sc 200
(Ausschnitt / Detail)